Piense bien, siéntase bien

Una guía paso a paso para la felicidad

y el bienestar emocional

Piense bien, siéntase bien

Una guía paso a paso para la felicidad

y el bienestar emocional

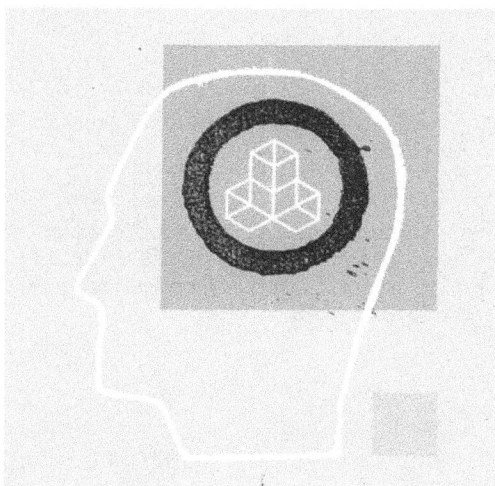

Dr. Robert D. Isett

Este libro fue impreso en los Estados Unidos de América.
ISBN: 978-0-9845008-1-9

Se puede adquirir copias adicionales de este libro a través de Amazon.com y de otros distribuidores. Usted también puede comprar este libro directamente del autor, enviando un correo electrónico a:
thinkrightfeelright1@gmail.com

Website: www.thinkrightfeelright.net

En memoria de Edward Querner, cuyo

espíritu de amor tocó muchas vidas

Contenido

Prefacio

Para florecer, todos los seres vivos necesitan de un cuidado apropiado. Imagínese, si plantáramos un jardín y simplemente lo dejáramos a su suerte sin regarlo, sacarle la maleza, o sin ningún cultivo. Nuestro jardín perecería, en vez de florecer. Como verá, lo mismo es cierto para nosotros.

Desafortunadamente, muchos de nosotros no hemos aprendido adecuadamente como cuidarnos[1] a nosotros mismos: luchamos por alcanzar la felicidad y el bienestar emocional[2], incapaces de acopiar el nutrimiento que necesitamos dentro de nosotros mismos, o del mundo que nos rodea. Para muchos, la paz y la felicidad parecen situacionales y efímeras. En este juego de lotería emocional es muy difícil retener nuestras ganancias

---

[1] Los siguientes términos: cuidarse, cuidar de uno mismo, el cuidado propio, y cuidar de sí se refieren al cuidado que uno mismo se otorga para salvaguardar en todo momento el bienestar emocional, físico y mental para procurar las satisfacciones externas e internas que sean necesarias, tratando de hallar un sentimiento de comodidad y seguridad.

[2] Para propósitos de este libro, el bienestar emocional es un término inclusivo que refleja la capacidad de a) tener autoestima, b) ser pacífico, c) liberarse de síntomas emocionales y d) ser feliz. Algunos ejemplos de síntomas emocionales son: culpa persistente, cólera, depresión, preocupación, ansiedad, consumo de drogas o alcohol. El bienestar emocional se verá disminuido si dicha capacidad es baja.

por siempre, debido a las altas y bajas que nos ofrece la vida al ganar o perder.

Ahora usted está por aprender cómo superar los escollos que derrotan a tantos, y cómo aferrarse al bienestar que usted puede crear. Al leer este libro usted se embarcará en un viaje que cambia vidas en forma intensa y positiva. Este no será un viaje en vano con temas huecos que simplemente indican lo que usted debería hacer, sino un viaje que realmente le muestra y enseña qué hacer y cómo hacerlo. Usted está a punto de descubrir cómo ponerse a cargo de su cuidado y bienestar emocional, en vez de que lo hagan las circunstancias. Usted está a punto de traer a su vida una alegría más profunda y duradera.

La guía es un manual genuino e informativo que le permitirá entender «cómo» actúan sus emociones y cómo puede desarrollar su propia felicidad en su diaria rutina. Es cierto que ya tenemos un sin fin de libros de autoayuda y académicos en el mercado que abordan los diferentes aspectos de la autoestima, felicidad y bienestar, desde varias perspectivas. Sin embargo, ninguno de estos libros nos ofrece un enfoque completo paso a paso que explique a cabalidad cuáles son esos recursos emocionales, vitales o cómo podemos precisamente desarrollarlos. Este libro lo hace.

Si bien está escrito con una perspectiva de sentido común, la guía es lógica, práctica y fácil de seguir. Le enseñará cómo sentirse permanentemente mejor acerca de si mismo y del mundo que lo rodea. El estilo de la guía es claro y de una lectura fácil, que le viene bien a ambos, al lector adulto y al joven.

Los métodos y conceptos presentados en la guía, representan innovaciones que he desarrollado y probado a lo largo de muchos años en mi práctica privada. Son herramientas arraigadas en el pensamiento de la Terapia Cognitiva Conductual[3] así como de las influencias emergentes de la Psicología Positiva. Si bien he usado los métodos descritos en detalle a lo largo de este libro, he pasado más de dos décadas enseñando exitosamente a mis clientes, cómo eliminar malestares y disturbios emocionales, vencer desórdenes emocionales persistentes que incapacitan, construir una autoestima fuerte y experimentar un bienestar emocional más profundo. Mediante el aprendizaje y la implementación de un modelo cognitivo que promueve un óptimo funcionamiento emocional y de autocuidado, mis clientes muestran a menudo una mejoría sostenida de felicidad personal, tanto como una reducción de síntomas. Usted también podrá darse cuenta de esos beneficios mediante su dedicación para obtener el conocimiento expuesto en este libro.

Para muchas personas, la felicidad no es una garantía. Algunos de nosotros parecemos tener mucha, algunos muy

---

[3] La Terapia Cognitiva Conductual es un término usado por los psicoterapeutas que se ocupan de la modificación del pensamiento para mejorar el funcionamiento psicológico y la salud emocional. La Psicología Positiva es una rama relativamente nueva de la Psicología que busca entender y promover el bienestar emocional.

poca, y muchos de nosotros somos felices solo una parte del tiempo. Muchas personas piensan implícitamente que la alegría y la satisfacción resultarán de tener las posesiones y circunstancias correctas en la vida. Este supuesto puede ser verdadero en un sentido: cuando estas posesiones y circunstancias están presentes, nos sentimos bien por un tiempo, sin embargo, cuando las circunstancias cambian o el tiempo pasa, nosotros perdemos esas buenas sensaciones. Al seguir este camino al bienestar, nuestra felicidad es intermitente y está basada en los eventos, en vez de ser sostenida e impulsada internamente. Creemos que las cosas[4] nos hacen sentir felices, pero en su ausencia nos sentimos afectados y molestos porque esas Cosas ya no están cerca de nosotros para animarnos. Muchos de nosotros invertimos tiempo y dinero tratando de tener Cosas y hacerlas correctamente, para sentirnos bien. Al hacerlo así, atribuimos erróneamente las causas de nuestros sentimientos a eventos externos, en lugar de nuestros pensamientos en relación a esos eventos. En otras palabras, llegamos a estar «circunscritos a la situación», a la espera de una felicidad periódica que pase por nuestro lado. Debido a que no siempre podemos controlar las situaciones, es probable que sintamos que nuestra felicidad está a menudo fuera de nuestro control: si es así como aprendimos a conceptualizar nuestra felicidad; lo asumiremos.

---

[4] Cosa es una palabra que uso con mayúsculas en este libro cuando me refiero a las circunstancias o eventos que suponemos causan nuestros estados emocionales. En la oración Esa película me pondrá triste, la película es un ejemplo de lo que es la Cosa.

Piense bien, siéntase bien

Muchos de nosotros lidiamos con los cambios de ánimo fluctuantes, ataques de depresión, estrés, arrebatos de cólera, conducta agresiva, preocupación, ansiedad, baja autoestima, y otros problemas emocionales. Queremos sentirnos mejor, pero es posible que no tengamos una idea clara de lo que necesitamos hacer, o no hacer, pare que esto suceda. Y en un esfuerzo por sentirnos mejor, compensamos esta situación, comiendo en exceso, consumiendo alcohol, volviéndonos adictos al trabajo, gastando en exceso, o a través de cualquier otra conducta problemática.

Tan importante como el bienestar emocional, son ambas, la salud mental y física. El conocimiento que la mayoría de nosotros tiene acerca del bienestar emocional y la felicidad está a menudo limitada al aprendizaje por azar otorgado por la experiencia de vida y la casualidad. Debido a que el aprendizaje emocional está muy ligado a circunstancias caprichosas de la vida, no hay garantía de que aprendamos el conocimiento emocional esencial y correcto para que estemos emocionalmente bien y seamos felices. Muchos de nosotros llegamos a la edad adulta sin recibir ninguna educación formal en relación a las emociones, cuáles son y qué las originan. Avanzamos en la vida, sin esta enseñanza, careciendo de un entendimiento cabal de lo que deberíamos hacer para evaluar y cambiar nuestras emociones o aún mejor, regular la manera como nos sentimos.

¿Cuándo, si es que alguna vez, durante nuestra educación formal se nos dio la oportunidad de aprender a descifrar la felicidad, o en todo caso, se nos enseñó cómo otorgarnos a nosotros mismos un bienestar más perdurable? Nos enseñaron y nos tomaron pruebas de las capitales de los estados, tablas de multiplicación, divisiones largas, partes de un discurso y los elementos periódicos; pero nunca nos enseñaron ni nos evaluaron en el tema de la felicidad y el bienestar emocional. Para sentirse bien y permanecer así, debemos saber cómo funcionan nuestras emociones y cómo podemos mantener una buena salud emocional y bienestar. Al leer esta guía, usted ganará conocimiento emocional importante para mejorar la felicidad y la salud emocional.

En la medida que lea este libro, usted aprenderá cómo sus emociones funcionan, cómo las puede cambiar para mejorar la manera como usted se siente, y cómo usted puede lograr una felicidad más sostenible. Presentado de una manera lógica, y gradual, este libro lo conduce a través de una serie de «Pasos», altamente instructivos, por medio de los cuales, usted ampliará y profundizará su entendimiento de muchos de los temas, incluyendo:

- ➢ El rol del pensamiento en las emociones

- ➢ Los tipos de pensamientos que causan emociones positivas y negativas
- ➢ El uso correcto de su pensamiento y emociones para optimizar el bienestar
- ➢ Factores del desarrollo que promueven y ponen en peligro un aprendizaje emocional óptimo

➢ Y técnicas esenciales para cambiar y controlar mejor como usted se siente

Una vez que haya completado los primeros siete pasos, usted se desarrollará en base a este aprendizaje. Usted completará un ejercicio que clarifica los elementos esenciales para el bienestar emocional y evalúa sus áreas fuertes y débiles en relación a estos elementos. Usted entonces aprenderá a incorporar estos elementos en sus pensamientos y acciones y mantendrá una actitud óptima para lograr un bienestar emocional y una felicidad duradera.

Por favor, resístase a cualquier pensamiento que usted pueda tener, con respecto a cuán incómodo o difícil será completar exitosamente este aprendizaje. En mi experiencia, vivir toda una vida sin este aprendizaje, es aún ¡más difícil! Sus esfuerzos para descubrir una paz y felicidad más duradera por medio de lo que usted aprenderá en este libro, serán mucho más productivos y ciertos, que el tratar de alcanzar nociones complejas que a la larga no tienen provecho y que nosotros mismos de alguna manera las podemos extraer de las circunstancias. Los pasos, ejercicios, y la guía de estudio de preguntas han sido específicamente diseñadas para guiarlo sistemáticamente a través de este proceso de aprendizaje y fortalecer su comprensión de aquello que crea una felicidad sostenible y cómo uno mismo puede manejar las circunstancias de la vida.

La guía también lo instruirá en cómo mantener las mejorías de su bienestar con el paso del tiempo. Casi al final del libro, usted encontrará las implicaciones de este material para mejorar como padres, en las relaciones interpersonales, en la educación y el rendimiento en el trabajo. Si usted necesitara más ayuda, la guía le proveerá sugerencias de cómo hallar las respuestas. Las últimas páginas del libro proveen referencias y una pequeña apostilla bibliográfica, algunos materiales de instrucción adicionales y una sección integral para notas, o para escribir información con respecto a los ejercicios, así como cualquier otra nota personal. Con el propósito de logar que el lector se enfoque en el libro de una manera fácil y útil, se ha incorporado resúmenes de los puntos de discusión claves, así como la guía de estudio de preguntas al final de cada capítulo.

Muy importante: Por favor asegúrese de completar los ejercicios y respuestas de la guía de estudio de preguntas al concluir cada Paso y antes de avanzar, así usted obtendrá un mayor beneficio de este libro.

Ahora, antes de empezar con el paso 1, por favor abra la página 241 en la parte posterior de este libro, titulada, «Evaluación del progreso del lector y formulario de retroalimentación». En la parte superior, debajo de la Parte 1, usted verá las instrucciones para calificarse con respecto a cuatro preguntas importantes. Por favor, complete ahora las calificaciones debajo de «Mi nivel antes de leer este libro». Usted tendrá la oportunidad de

calificarse otra vez en relación a las preguntas, después de que haya completado el libro. Al comparar los puntajes de las respuestas del antes y después, usted podrá apreciar los beneficios de su aprendizaje. (Nota: La pregunta « % **pensamiento seguro contra** % **pensamiento inseguro» en la «caja rectangular» debe ser contestada después de que usted lea el Paso 2, y otra vez cuando haya terminado de leer el libro).**

Paso 1: María, Juana y el paseo en la montaña rusa

Las cosas no causan sentimientos, el pensamiento acerca de las cosas sí lo hace

Entender los sentimientos y emociones y como regularlos es esencial para una felicidad óptima. Ya sea que usted se sienta feliz y emocionalmente estable o que luche contra la infelicidad y las preocupaciones emocionales, esto dependerá en gran medida de qué tan bien usted entienda y maneje sus emociones. ¿Entiende usted qué lo hace sentirse feliz o triste? ¿Sabe usted qué causa sus sentimientos o de dónde vienen? Su salud mental y su felicidad dependen de saber cuál es la respuesta correcta a estas preguntas. Al leer el primer paso usted tendrá un mejor entendimiento de las causas de sus emociones. Para tener una mejor perspectiva de este tema, empecemos por conocer a María y Juana en la montaña rusa. Imaginémonos parados en la fila de una montaña rusa alta y serpenteante. Inmediatamente delante de nosotros hay dos mujeres. Tal como usted ya habrá adivinado, son María y Juana. Se están acercando a la fila y parece que discuten acerca de si deberían subir o no al juego. Escuchamos que María le dice a Juana:

—Vamos Juana, ya esperamos por lo menos una hora; ¿no te vas a subir conmigo? Yo pago tu boleto. Tú sabes que este juego es muy emocionante, todo mundo dice que es divertido.

—Bueno María –responde Juana– cuanto más nos acercamos a este juego, peor me siento con respecto a subirme en él. De verdad... me estoy empezando a asustar, ¡mira qué alto es! Me va a hacer sentir mal y tengo miedo.

Mientras la escuchaba hablar noté que algo no tenía sentido y decidí participar en la conversación.

—Discúlpenme, pero resulta que sin querer escuché su conversación y me desconcierta.

—Bueno ¿qué es lo que desea saber? —María responde-
—Bueno María —le pregunto— por favor explícame qué pasa entre ustedes dos.

— Me alegra que haya hecho esa pregunta —dice María— Le dije a mi amiga Juana que realmente me gustaría que venga conmigo a este juego, después de todo, hemos esperado en la fila todo este tiempo. Incluso le dije que pagaría su boleto, y ella me rechazó de plano.

—Bueno —contesté— lamento escuchar eso. Luego me dirijo a Juana y le pregunto —¿Qué opinas de esto, Juana?

Juana responde— ¡Vaya amiga! — Le dije a María que

este juego me asusta mucho y que me hará sentir mal. A estas alturas, no creo que haya forma de que suba a esa cosa.

Aún confundido por sus explicaciones, decido seguir con lo mismo diciéndoles que todavía no tengo claridad con respecto a algo.

María dice —¿Qué más necesita saber ahora?

—Bueno María, creo que me gustaría saber cómo es que esta montaña rusa te hace sentir como si fuera lo mejor desde que se creó el pan de molde, y al mismo tiempo, hace que Juana se sienta terrible. Simplemente ¿por qué este aparato produce eso? ¿Cómo es que una montaña rusa —un aparato grande inanimado de madera y acero— genera que una de ustedes se sienta tan emocionada y a la misma vez, que la otra esté completamente aterrorizada? Estoy tentado a decir «Acaso este aparato tiene cables conectados a tu cabeza, María, que te hacen sentir emocionada, y otros cables conectados a tu cabeza, Juana, que hacen que te sientas atemorizada?»

Decidí no jugar con mi suerte, ya que en ese momento María se cansó de mis preguntas y dijo que no quería continuar con estas «discusiones filosóficas». Se alejó diciendo:

—Con su permiso, mi amiga y yo nos vamos ahora, temo que usted mismo tendrá que responder sus pesadas preguntas. Y así me encontré solo parado en la fila con mis preguntas sin respuestas.

Bueno, quizás sea comprensible que María y Juana hayan decidido no contestar ninguna de mis preguntas. Después de todo fui un poco entrometido. Sin embargo mi dilema no resuelto es que ambas mujeres parecían estar atribuyendo sentimientos diferentes a la misma fuente física: una montaña rusa inanimada. ¿Cómo es eso posible? ¿Cómo pudo este juego de diversión —este aparato de madera y acero— causar emociones completamente opuestas en estas mujeres? Con afán de hacerles justicia, pienso que quizás ellas pensaron, «es solamente una montaña rusa» y «¿A razón de qué tendríamos que dar explicaciones de por qué nos sentimos de la manera que lo hacemos?»

Sea que ellas lo hayan percibido o no, mi conversación con María y Juana me lleva a una reflexión de mayor importancia que la de las montañas rusas y de como nos sentimos en relación a ellas. La metáfora de la montaña rusa abre un tema más extenso: El cómo percibimos realmente las causas de nuestras emociones y los altibajos de nuestras vidas. A la luz de esta metáfora, María y Juana fueron capaces de alejarse de la montaña rusa ignorando mis preguntas escudriñadoras acerca de qué es eso, que hace que les guste o no la montaña rusa. Sin embargo, al retomar el tema más vasto de cómo entender en forma cabal el funcionamiento de nuestras emociones y cómo manejar mejor nuestras vidas emocionales, ignorar estas preguntas tiene implicaciones serias para saber qué tan bien nos sentimos y qué tan bien manejamos nuestras emociones.

4

Comúnmente estamos encajados dentro de perspectivas culturales que fomentan una mala interpretación de cómo funcionan nuestras emociones. Estos ejemplos reflejan las frases comúnmente usadas:

«Hieres mis sentimientos».

«Ella realmente me avergonzó».

«Eso me enoja».

«Él me hace sentir deprimido».

«Ella me emociona».

«Ese juego del parque de diversión me asusta».

Todas estas afirmaciones externalizan las causas de nuestras emociones. Pero tal como usted puede ver en la historia de la montaña rusa, estos sentimientos son el producto de nuestros pensamientos; están enraizados en la forma en que nosotros hemos aprendido a percibir las cosas, pero no el mundo que nos rodea. Aunque estas frases puedan sonar conocidas, o sean frases que inclusive nosotros hemos usado en alguna ocasión, ninguna es de hecho correcta. Sin embargo, cuando se nos enseña a interpretar erróneamente las emociones a través de los diálogos que escuchamos en la familia y en el ambiente cultural, entonces fácilmente podemos comportarnos asumiendo que la gente y las cosas del mundo que nos rodean, son las causas de nuestras emociones, en lugar de nuestros propios pensamientos.

Piense bien, siéntase bien

Vivimos en una sociedad donde la gente a menudo se comporta como si el mundo alrededor de ellos fuera responsable por como se sienten. Muchos de nosotros, aprendemos erróneamente a pensar que los sucesos externos (la gente, el tiempo, la bolsa de valores, etc.) causan que nos sintamos de la manera que lo hacemos. Pero afortunadamente, no es así. Si bien hemos aprendido a pensar de otra manera, ninguna montaña rusa, mala suerte, fortuna, cumplido, o insulto nos hace sentir de la manera que nos sentimos. Cuando se escuche a usted mismo decir: «Me hace sentir», pare y pregúntese a si mismo «¿Quién es él o ella, y cómo lo hace?» Recuerde esta respuesta. *¡Es usted!*

El punto clave aquí, es este: Con excepción de ciertas experiencias físicas como estar frente a aceite hirviendo, *las cosas* generalmente no lo hacen sentir como usted se siente; es su *pensamiento* acerca de esas cosas lo que lo hace. Piense en algo triste y usted se sentirá triste, piense en algo tranquilo se sentirá calmado, piense con cólera y se sentirá colérico, piense en algo placentero y se sentirá satisfecho. Cuando se trata de las emociones, lo que se piensa es lo que se obtiene, y punto. Cuando atribuimos nuestras emociones a las cosas o situaciones fuera de nosotros mismos nos hallamos atrapados en pensamientos «circunscritos a la situación». Por «circunscritos a la situación», quiero decir que cuando las situaciones ocurren, nosotros creemos incorrectamente que la situación nos lleva a sentirnos de la manera en que lo hacemos. Respondemos a la situación de una manera reflexiva y externamente determinada. Cuando aquella «cosa desagradable» ocurre, nos sentimos mal acerca de eso.

Cuando no somos capaces de ver que nuestras emociones son, ante todo, producto de nuestro pensamiento, nos comportamos como si nuestro ambiente estuviera controlándonos y tendemos a comportarnos en la modalidad de «circunscritos a la situación». Por ejemplo, un hombre que piensa: «los días nublados son deprimentes» se sentirá deprimido cuando esté nublado y erróneamente atribuirá sus sentimientos a las condiciones del tiempo. Debido a este pensamiento incorrecto de causa y efecto, él se comporta como si el tiempo fuera la causa de su estado de ánimo, y no su pensamiento en relación al tiempo. Dado que él no puede cambiar el tiempo, y piensa que el tiempo es la causa de sus sentimientos, está atrapado en la disposición de estar «circunscrito a la situación». Se sentirá deprimido hasta que el tiempo mejore. Cuando nos encontramos circunscritos a la situación, renunciamos a nuestro poder personal y a la oportunidad de ganar una regulación óptima de nuestras emociones y nuestras vidas.

Asegúrese de comprender realmente que los pensamientos, no las cosas o situaciones, gobiernan sus sentimientos. Imagine que hoy es la boda de Catalina. Su vestido es magnifico, ella luce hermosa, se vislumbra un día perfecto, y todos sus amigos y familiares están allí para la ocasión especial. Si juzgamos como se siente en la situación misma, nosotros podríamos concluir fácilmente que ella está eufórica. Nos equivocaremos esta vez. En este momento, Catalina está pensando en un hombre del pasado que estuvo ligado a su vida. Se pregunta a sí misma sí está tomando la decisión correcta y a pesar de las apariencias externas de la situación, ella no está feliz.

Tito acaba de perder su trabajo. Él tiene tres niños pequeños en casa, una hipoteca grande y su madre acaba de sufrir un accidente cerebro-vascular. Está situación parece muy mala. A pesar de que Tito está preocupado, no está tan deprimido por eso. Se da cuenta que ha pasado por otros retos en su vida, él mismo recuerda que enfrentar sus retos es mucho mejor que preocuparse por ellos. Acepta que dar lo mejor de sí, es todo lo que puede hacer para avanzar. La situación no ha decidido como Tito debe sentirse; Tito ha decidido como sentirse con respecto a la situación.

Reconocer la influencia de nuestro pensamiento en nuestras emociones, nos lleva a conocer los principales partidarios de la Terapia Cognitiva Conductual, tal como Albert Ellis (1998,2006). Estos especialistas han desarrollado técnicas altamente efectivas para ayudar a la gente refrenar sus pensamientos perturbadores y manejar más efectivamente sus emociones. Al usar el modelo ABC, Ellis describe la relación entre el pensamiento y las emociones de la siguiente manera: Hay un evento activador (A) el cual desencadena un pensamiento o creencia (B) acerca del cual se origina un sentimiento o consecuencia emocional (C). Una noción central a lo largo de su obra, y de la mía, es que los sentimientos perturbadores, son a menudo el resultado de pensamientos incorrectos, más que de un estímulo externo o situación. A continuación se ilustra la explicación de cómo funcionan nuestras emociones:

Causas de las emociones

Consideración correcta

ESTÍMULO (MONTAÑA RUSA) → OPCIONES DE PENSAMIENTO: MIEDO, EMOCIÓN

→ OPCIONES DE LAS EMOCIONES: TEMOR, ENTUSIASMO

Consideración incorrecta

ESTÍMULO (MONTAÑA RUSA) → PENSAMIENTO-CIRCUNSCRITO A LA SITUACIÓN: «ESO ME ASUSTARÁ»

→ EMOCIÓN: TEMOR

En resumen, ahora usted sabe que sus emociones proceden de sus pensamientos. Aunque de vez en cuando usted puede tener control limitado sobre ciertos eventos, aún tiene la habilidad de decidir qué pensar. Al cambiar su manera de pensar, usted puede influenciar directamente en sus emociones.

Saber que usted puede tener esta influencia en su pensamiento es el primer paso para comprender cómo crear más alegría y satisfacción duradera en su vida.

Al terminar este primer capítulo, es muy importante que usted realmente se dé cuenta y recuerde lo que voy a decirle. Muchas personas quieren soluciones rápidas a sus problemas. Les gustaría tener las respuestas luego de leer un capítulo o dos. ¡No sea uno de ellos! Los pasos han sido llamados así por una razón: los primeros siete sientan el fundamento, los tres siguientes (Pasos 8, 9, y 10) son el meollo del tema con las respuestas. Tenga fe; los beneficios de este libro están a su alcance, a solo unos cuantos capítulos más. Sin embargo, la manera correcta de alcanzarlos es procediendo en orden a lo largo de cada capítulo para que así usted logre la base necesaria del aprendizaje. ¡Este es el camino en el que usted obtendrá aquello que busca!

Algunos puntos para recordar

Muchos de nosotros pensamos que las circunstancias alrededor nuestro son las causantes de nuestros sentimientos y emociones. Cuando pensamos de esta manera, nos hallamos circunscritos a la situación y perdemos mucho control sobre nuestros sentimientos y felicidad. Afortunadamente para nosotros, es nuestro pensamiento acerca de esas cosas lo que causa nuestras emociones, no las circunstancias a nuestro alrededor. Dándose cuenta de que sus pensamientos causan sus emociones y reconociendo que usted siempre tendrá la opción de cambiar la forma en que mira su vida, tendrá la oportunidad de cambiar y mejorar como se siente. Piense bien, siéntase bien.

Guía de estudio de preguntas

1. En la historia del juego de la montaña rusa, Juana explica a María por qué ella no desea subir a ese juego, diciendo, «tengo miedo, eso me va a hacer sentir mal». ¿Cómo podría haber expresado Juana su aversión a ese juego sin decir que «eso» es la causa de sus sentimientos?

2. Si la montaña rusa no es la causa principal de la emoción de María, entonces ¿Cuál es?

3. De acuerdo con el modelo ABC de Albert Ellis, las emociones de entusiasmo de María, serían un ejemplo de ¿A, B, o C?

4. Corrija la siguiente afirmación. «Eso realmente me molesta».

5. Piense en dos ejemplos de su propio pensamiento, en los cuales haya asignado incorrectamente la causa de sus sentimientos a las cosas en lugar de a su propio pensamiento.

6. Escriba la idea que usted considera la más importante, luego de haber leído este paso.

2

Paso 2: Pensamiento seguro e inseguro

Para sentirse bien, usted primero tiene que pensar bien

Si sus sentimientos provienen de sus pensamientos ¿Qué es lo que sucede con su pensamiento que hace que sienta diferentes emociones? En esta sección, usted aprenderá acerca de los tipos de pensamiento que producen sus sentimientos positivos y negativos así como sus emociones. Antes de explorar estos patrones de pensamiento, me gustaría describir una circunstancia que me impulsó a desarrollar este paso.

Hace 25 años me encontraba trabajando de noche con una mujer de mediana edad cuando la noción de pensamiento seguro e inseguro se me ocurrió por primera vez. Ella estaba hablando de sus problemas, uno tras otro, molestándose cada vez más. Mientras pensaba en su comportamiento, empecé a cavilar sobre los patrones de su pensamiento dándole el equivalente emocional de alguien que conduce por el lado equivocado del camino, lo cual es emocionalmente arriesgado y peligroso: ¡pensamiento inseguro! Bajo cualquier circunstancia, este estilo de pensamiento está predispuesto a molestar a cualquiera. Al llevar esa línea de razonamiento un poco más lejos, pensé: Hay, o debe haber, algunas «reglas en el camino» que nos ayuden a mantener este tipo de pensamiento en jaque, así no nos sentiríamos tan alterados. Me pregunté si habría formas de pensamiento que, no solo prevendrían estados emocionales perturbadores, sino que también nos ayudarían a mejorar estados de salud emocional y felicidad. ¿Podría esta noción de pensamiento seguro e inseguro ser un factor clave en ambos, la creación y pérdida del bienestar emocional? Sobre todo si hubiera formas correctas o equivocadas de pensar en nuestra carretera de pensamientos y sentimientos ¿seríamos capaces de aprender cuáles son las reglas, para poder manejar en forma más efectiva el estrés emocional y la perturbación? ¿Podemos seguir estas instrucciones para generar una felicidad más duradera? Estas preguntas me intrigaron lo suficiente como para buscar las respuestas.

Con el paso de los años, continué explorando estos intereses en mi práctica privada. Quiero compartir con usted lo que he descubierto, porque el conocimiento que yo adquirí ha probado ser muy útil y ha ayudado a otros a aprender a manejar mejor sus emociones y vivir felices.

Antes que nada quisiera aclararle lo que quiero decir cuando uso los términos pensamiento seguro e inseguro. Por pensamiento seguro, me refiero a cualquier tipo de pensamiento que produce un sentimiento o emoción positivo. Ejemplos de este tipo de pensamiento serían «me siento muy bien acerca de quién soy» o «me encanta gozar de la naturaleza». El pensamiento inseguro es aquel que promueve cualquier sentimiento negativo o emoción. «¿Por qué soy un perdedor?» es un ejemplo de pensamiento peligroso. Otro ejemplo sería, «no me gusta ir en avión». Tenga en cuenta que cualquier persona que tome en serio este tipo de pensamientos, va a sentirse mal; no hay escapatoria. No importa qué, nosotros siempre lograremos sentirnos mal cuando tengamos estos pensamientos. En breve, el pensamiento seguro crea sentimientos positivos que aumentan nuestro bienestar mientras que el pensamiento inseguro, nos perturba y lo disminuye.

Antes de avanzar más, quisiera aclarar que no estoy sugiriendo que no deberíamos tener pensamientos inseguros, o que todos los pensamientos malos son perturbadores o injustificados. Si bien el pensamiento inseguro prolongado es generalmente malo para el bienestar emocional y físico, es natural que a veces tengamos estos pensamientos. De cuando en cuando todos encontramos situaciones emocionalmente desafiantes, tales como la muerte de un ser querido, la pérdida del trabajo, rechazo y otros contratiempos, que dada su gravedad, confrontan nuestro sentido de bienestar.

No obstante tenemos que estar muy conscientes de nuestro pensamiento inseguro porque siempre trae una carga a nuestro bienestar[5]. Tenga presente, que el pensamiento

---

[5] Algunas personas tienden a tener pensamientos negativos en exceso para anticipar lo que podría ir mal y poder planear acciones eficaces; ya

inseguro prolongado, generalmente hace muy poco para remediar o cambiar un problema. En realidad, lo que hace es perpetuarlo. Por otro lado, si bien el pensamiento seguro genera sentimientos positivos que nosotros asociamos con la felicidad, el ejercer este tipo de pensamiento mejora directamente nuestro bienestar emocional. En el siguiente paso, titulado «Las emociones como un sistema de señales», usted aprenderá más acerca de como puede hacer mejor uso de sus señales emocionales generadas a partir de su pensamiento seguro o inseguro como guías que promueven y regulan la salud emocional y la felicidad. Reconocer los tipos particulares de pensamiento que causan nuestros sentimientos positivos y negativos, no es muy difícil, pero a veces, al principio, la gente tiene dificultades con este concepto. Pienso que parte de esta dificultad radica en nuestra tendencia a mirar nuestros sentimientos y pensamientos como dos cosas separadas. Nosotros no podemos reconocer en su totalidad que ciertos tipos de pensamientos son los que realmente crean los sentimientos positivos y negativos que tenemos. En particular, los pensamientos que nos agitan y transmiten propósitos significativos frecuentemente crean sentimientos fuertes. Es comprensible que la idea de que nuestros pensamientos son la fuerza causante de nuestras emociones, al principio parezca un

---

sea para motivar la conducta o aplicar la sanción respectiva. Si bien es importante entender las implicaciones de nuestras acciones y alejarnos de las consecuencias erróneas, usualmente existen mejores formas para lograr estos objetivos, formas que preservan el bienestar y minimizan la perturbación emocional.

poco extraña.

Trabajemos un poco más identificando los tipos de pensamientos que moldean sus emociones, empezando por la clase de pensamiento que le ocasionaría experimentar sentimientos y emociones negativas. Quisiera que empiece primero con los pensamientos inseguros porque la mayoría de las personas identifican ejemplos de pensamiento inseguro con mayor facilidad que los ejemplos de pensamiento seguro. Quizás porque estamos condicionados o predispuestos genéticamente, nos hallamos enfocados en los problemas y preocupaciones de nuestro mundo en vez de ver lo agradable; podemos reconocer muy prontamente los patrones del pensamiento negativo. La gente dice, «Por alguna razón, parece ser más difícil pensar en los tipos de pensamiento que hacen que una persona se sienta bien, que en aquellos que la hacen sentir mal». Si este es el caso, menuda sorpresa, el bienestar y la felicidad pueden ser difíciles de alcanzar.

Con pensamiento inseguro, hago referencia a la categoría de pensamiento que le hace sentir una emoción particularmente desagradable: Por ejemplo el miedo. Si usted puede identificar un tipo de pensamiento inseguro que lo haga sentir a usted o a alguien realmente molesto, recuerde que sus emociones no son reacciones fijas a las circunstancias externas, son causadas por sus pensamientos y creencias. Sus pensamientos y emociones no son cosas separadas, están estrechamente interconectadas. ¿Qué tipo de pensamiento le generaría emociones negativas? Piense en un ejemplo.

17

Hay siempre una conexión entre estos tipos de pensamiento y sus sentimientos. Recuerde por ejemplo: «piense coléricamente en algo y se sentirá colérico». El pensamiento de cólera es un tipo muy común de pensamiento inseguro. Es tan obvio, que casi puede pasar desapercibido.

De igual modo, si usted estuviese furioso con un hombre que acaba de aparcar su auto en el sitio que usted pensaba hacerlo y con furia piensa «¡Qué sinvergüenza!», el tipo de pensamiento inseguro en el cual usted estaría inmerso es uno de furia. Tendría pensamientos que generan sentimientos de furia.

La preocupación representa otro tipo de pensamiento inseguro. Después de conocer a su hombre ideal, Mabel empieza a dudar inmediatamente si él en realidad la llamará de vuelta. Mientras está atrapada en este tipo de pensamiento, ella comienza a preocuparse. Está encerrada en un tipo de pensamiento inseguro que la hace sentir preocupada e intranquila. Sus pensamientos inseguros pueden ser algo como, «¿Me llamará? Tengo miedo que él nunca me llame de nuevo». Este tipo de pensamiento inseguro causa sentimientos perturbadores de preocupación y puede que Mabel esté sentada esperando que el teléfono suene. Este pensamiento es inseguro porque cuando Mabel piensa así, se preocupa y se siente ansiosa, y esto hace que su bienestar emocional se debilite.

Por cada emoción negativa como el miedo, furia, dolor, tristeza y otros más, hay un tipo de pensamiento inseguro que lo causa. Este estilo de pensamiento ayuda a formar la naturaleza e intensidad de nuestra experiencia emocional. Una manera de identificar el tipo de pensamiento inseguro que le genera ciertas emociones, es concentrarse primero en la clase de sentimientos que usted experimenta. Culpa por ejemplo. Una vez que haya identificado esta emoción podrá entrar en contacto más fácilmente con el pensamiento específico de culpabilidad que está causando que usted se sienta de esa manera. Por ejemplo, advierto que me siento culpable por algo y descubro que estoy pensando: «Mamá parecía cansada, yo debería haberla ayudado más con la limpieza en la fiesta». Es por eso que me siento culpable.

Tenga en cuenta, que la cólera, el miedo y muchas otras emociones negativas causan que nuestro cuerpo libere adrenalina y otros neurotransmisores. A su vez, estos químicos causan ciertas reacciones fisiológicas como respiración rápida, latido acelerado del corazón, y sensaciones de excitación fisiológicas. Estas respuestas físicas están asociadas a varios «sentimientos» emocionales. Creo que la mayoría de nosotros puede recordar fácilmente la situación que nos hizo enojar o las reacciones físicas que experimentamos, más que los pensamientos reales que por primera vez desataron nuestros sentimientos.

Con un poco de práctica usted podrá descubrir la mayoría de los pensamientos que causan sus sentimientos. Ahora, puede tener una mejor oportunidad para regular correctamente como se siente, porque usted ha identificado correctamente la causa de sus sentimientos.

En la tabla a continuación, presento una lista de los pensamientos inseguros más comunes que la gente tiene y las emociones negativas que generan. Podemos interpretar estas emociones perturbadoras como el resultado de la mala suerte o de las circunstancias. También podemos creer que debemos sentirnos muy mal cuando se dan algunos acontecimientos, pero si seguimos ese razonamiento vicioso, seremos especialmente vulnerables porque nos pondremos mal cada vez que nos encontremos con estas situaciones. Sea para bien o para mal, nuestras emociones son el producto de lo que aprendimos a pensar, no el resultado de las circunstancias que nos rodean. Lo mejor de todo es que usted puede optimizar sus sentimientos si logra evaluar cómo piensa con respecto a varias situaciones. Tómese su tiempo ahora para examinar cuidadosamente la lista de pensamientos inseguros que se presenta a continuación. Observe cómo cada tipo de sentimiento y emoción perturbadora de esta lista, proviene de un tipo específico de pensamiento inseguro. Nuestros varios tipos de pensamientos inseguros, causan diferentes sentimientos negativos.

Lista de pensamientos inseguros

Tipo de pensamiento inseguro	Sentimiento
Pensamientos de enojo: «¿Cómo se atreve a insultarme de esa forma?».	Enojo
Pensamientos de Tristeza: «La extraño terriblemente».	Tristeza
Pensamientos de Resentimiento: «Me estás haciendo terminar todo el trabajo».	Resentimiento
Pensamientos de culpa: «Nunca hago nada bien».	Desmerecimiento
Pensamientos nocivos: «Alex nunca me llamó ni siquiera en mi cumpleaños».	Daño
Pensamientos desagradables: «Otro día nublado».	Desagrado
Pensamientos de preocupación: «¿Y si necesito otra operación?».	Preocupación
Pensamientos de miedo: «Esa montaña rusa me da miedo».	Temor
Pensamientos de ansiedad: «Y qué pasaría si no pudiéramos encontrar el camino de regreso?».	Ansiedad
Pensamiento aburrido: «Es siempre la misma cosa».	Aburrimiento
Pensamiento abrumador: «No puedo dirigir ni una cosa más».	Abrumamiento
Pensamientos de presión: «Debo terminar esto inmediatamente».	Presión
Pensamientos de duelo: «No puedo imaginar la vida sin ella».	Duelo
Pensamientos de fastidio: «Deja de jugar con el control remoto».	Fastidio

Ahora, tómese su tiempo por favor para identificar tres tipos de pensamientos inseguros que usted experimenta de vez en cuando. Por cada pensamiento inseguro escriba la emoción o sentimiento que le causa.

21

Ejemplo 1.

Ejemplo 2.

Ejemplo 3.

¿Puede pensar en otros tipos de pensamientos inseguros que usted incluiría en esta lista?

No solo son todas estas diferentes emociones negativas el producto del pensamiento inseguro, sino que la intensidad de estas emociones es también un producto de nuestro pensamiento. De acuerdo con el significado o el grado de importancia que le adjudicamos a estos pensamientos es la intensidad de las emociones negativas. Cuanto más catastrófico creamos que algo es, tanto más intensa será la emoción negativa. Si usted respalda firmemente la idea de que ir al dentista es terrible, ciertamente se sentirá muy mal con respecto a su próxima cita en el consultorio dental. Al darse cuenta de que usted es el causante de la intensidad de sus emociones negativas, podrá aprender a controlarlas mejor. Es posible alterar el contenido de un pensamiento inseguro para que sus emociones no sean tan intensas. Por ejemplo, en vez de pensar: «Detesto hablar en público», usted podría elegir pensar: «Hablar en público es un desafío, pero estoy trabajando para mejorar en ello». También se puede profundizar en las emociones positivas, enriqueciendo e intensificando el pensamiento seguro.

Preste atención a los tipos de pensamiento inseguro que usted tiene cuando se siente enojado. Mantenga un registro de esta información en un diario o en el espacio para apuntes, proporcionado en la parte posterior de este libro, así podrá empezar a cambiar su pensamiento. Dese cuenta de qué tipos de pensamientos inseguros usted tiene y qué tan a menudo los tiene. En el paso siete, usted encontrará un número de técnicas que puede usar para reducir el pensamiento inseguro y mejorar el control sobre sus emociones.

El dominio del pensamiento inseguro es un componente importante para lograr el bienestar emocional, pero esa no es toda la historia. Evitar el pensamiento negativo no es la misma cosa que saber cómo mantener una existencia positiva y emocionalmente sana. Para sentirse mejor y experimentar una felicidad más duradera, hay otras destrezas emocionales que debemos poseer. El saber cómo pensar de forma segura, es una de ellas.

Lo esencial para mantener la felicidad y el bienestar emocional descansa en nuestra habilidad para crear, sostener, e incrementar nuestras emociones positivas a lo largo del tiempo. Nosotros proponemos estas metas a través del pensamiento seguro. Solo nos podemos sentir bien, si estamos pensando bien. Por eso, el comprender el funcionamiento del pensamiento seguro y cómo usarlo consistentemente es especialmente importante para mantener su felicidad. Depositar su felicidad emocional en un marcador de «acciones y esfuerzos» no le traerá una felicidad sostenible. El adjudicar su bienestar emocional a este marcador, lo llevará directamente a estar «circunscrito a la situación», con un pensamiento fluctuante, y esto eliminará cualquier posibilidad de una felicidad sostenible y bienestar emocional a no ser que el marcador siempre indique que usted es el ganador de esa felicidad. Buscar apoyo en drogas, recetadas o no, tampoco lo logrará. Ninguna de estas alternativas hacen nada para corregir o mejorar el conocimiento emocional que todos debemos tener para permanecer emocionalmente felices y bien.

Para tener el tipo de paz y alegría que usted verdaderamente puede mantener, necesita internalizar una base apropiada. Esta base fundamental se produce a partir del aprendizaje emocional, aprendizaje que genera pensamientos seguros y le ofrece la capacidad de estabilizar y sostener su bienestar a pesar de las fluctuaciones inevitables en las circunstancias de la vida. No siempre podrá controlar las circunstancias de la vida, sin embargo, con este aprendizaje estará mejor equipado para lidiar con ellas. Usted sabrá cómo mantener la felicidad aun cuando el mundo a su alrededor siga teniendo sus altibajos. Con este conocimiento, las viejas alternativas como irritarse y preocuparse cuando las cosas no están yendo bien, se percibirán como lo que son, un derroche descomunal de tiempo y de pensamientos de derrota. Del mismo modo, usted ya no esperará que las cosas estén perfectamente en orden; en su lugar, este conocimiento le dará la iniciativa y poder para experimentar la felicidad bajo sus propios términos. Usted se sentirá feliz mientras espera que las cosas pasen.

Ahora, miremos de cerca los tipos de pensamiento seguro que generan sentimientos importantes de bienestar emocional y hacen que nos sintamos felices. Emocionalmente hablando, este es el tipo de pensamiento que nos mantiene en el lado correcto del camino. Tal como mencioné anteriormente, muchos de nosotros no podemos reconocer o describir estos patrones de pensamiento. Una forma de ayudarse a reconocer estos patrones es enfocarse en el tipo de pensamiento que usted tiene cuando experimenta una emoción positiva. Al igual que el pensamiento inseguro, por cualquier emoción positiva que usted experimente, hay también un tipo de pensamiento seguro que le hará experimentar ese sentimiento positivo. Sus sentimientos no provienen de algo externo a usted. Es el pensamiento seguro de su mente que causa estas emociones.

Ahora, trate de dar un ejemplo de pensamiento seguro. ¿Puede pensar en otros ejemplos? Escriba sus ejemplos aquí:

En la tabla de la siguiente página, he enumerado varios tipos de pensamiento seguro y los sentimientos que experimentamos cuando nos involucramos en estos pensamientos. Por favor, tómese su tiempo para analizar esta lista. Estúdiela cuidadosamente. Fíjese cómo cada uno de estos sentimientos positivos o emociones resultan de un tipo de pensamiento particular. De nuevo, esta es tan solo una lista parcial de algunos tipos de pensamiento seguro. Cuando se trata del pensamiento seguro, el universo es prácticamente ilimitado hay miles y miles de pensamientos de este tipo.

Luego de haber examinado esta lista, practique recordar las categorías de pensamiento seguro. Pregúntese a si mismo si el pensamiento seguro pasa cuando usted elije que así sea **o** si, por lo general, solo pasa cuando usted confronta ciertas situaciones que impulsan estos pensamientos. ¿Cuán a menudo usted se absorbe en pensamientos seguros? ¿Es capaz de provocar estos pensamientos cuando lo desea? Si usted no está acostumbrado a atraer pensamientos seguros en forma regular, o si usted piensa usualmente así solamente cuando las situaciones lo incitan a hacerlo, debe empezar a trabajar en aumentar su pensamiento seguro. El paso 7 tiene muy buenos consejos para que usted aprenda cómo tener acceso a ellos. Su meta debe ser atraer el pensamiento seguro todos los días. Preste especial atención a cómo el pensamiento seguro eleva su estado de ánimo. El notar este beneficio no solo reforzará el hábito del pensamiento seguro, sino que además, es uno de los pasos esenciales para elevar su nivel total de felicidad personal y bienestar.

Lista de pensamientos seguros

Tipo de pensamiento seguro	Sentimiento
Pensamientos de júbilo: «Nuestro bebé es saludable y hermoso».	Júbilo
Pensamientos divertidos: «Me encanta esquiar».	Excitado o feliz
Pensamientos graciosos: «Eso es regocijante».	Como risueño
Pensamientos de Calma: «Todo va a estar bien».	Pacífico
Pensamientos gratos: «Qué día tan bonito».	Placentero
Pensamientos de certeza: «Soy bueno en mi trabajo».	Seguro
Pensamientos de perdón: «Todos cometemos errores».	Perdón/Misericordia
Pensamientos de Paciencia: «Solo necesito más práctica».	Menos tenso
Cosas Favoritas: «No hay palabras para describir a mi gato lindo».	Feliz/complacido
Pensamientos de satisfacción: «No podría pedir más».	Contento
Pensamientos del futuro: «No puedo esperar a verlo».	Entusiasmo
Pensamientos exitosos: «Jugamos muy bien esta temporada».	Orgullo

Pensamientos de agradecimiento: «Tenemos una vida buena».	Gratitud
Pensamientos de alivio: «Esto también pasará».	Alivio
Pensamientos amorosos: «Yo le tengo afecto».	Amor
Pensamientos que aceptan: «Me gusta quien soy».	Aceptación
Pensamientos imponentes: «La luz en esa pintura es increíble».	Asombro
Pensamientos maravillosos: «Me están gustando estas vacaciones».	Excitación

Antes de concluir esta sección, me gustaría hacer un par de comentarios adicionales sobre el tema del pensamiento positivo. Si careciéramos de la habilidad para pensar positivamente estaríamos condenados a una vida donde el bienestar emocional, la felicidad, y la salud mental serían imposibles. Soy consciente que mucha gente percibe el pensamiento positivo con escepticismo. Simplemente lo consideran una pincelada de pintura a la realidad con un optimismo falso, o una estrategia de excesiva negación. Pero ese escepticismo retrata demasiado rápido el pensamiento positivo como algo erróneo, e implica que es gratuito e irreal ser feliz en un mundo tan imperfecto. Los escépticos parecieran decirnos «Si las cosas van mal, es correcto y real sentirse mal». Para mí, este razonamiento suena más como una excusa para ser infeliz, con falta de lógica en su planteamiento.

Usted no tiene que sentirse mal por las cosas malas que pasan simplemente porque existen. De hecho, el hacerlo solo garantiza que se sentirá mal. Es más, sentirse mal por las cosas no las cambia jamás. En su mayor parte, sentirse mal solo lo despoja de su alegría y disminuye su capacidad de lucha. De esta manera algunas de las mejores cosas que usted puede hacer son pensar positivamente y comprometerse a tener pensamientos seguros. El pensar positivamente en realidad lo ayuda a luchar mejor contra algunos de estos problemas.

Usted nunca debe negar que el problema existe, no debería quedarse simplemente atrapado en pensamientos negativos en relación a ellos. En su lugar, trabaje lo mejor que pueda para luchar contra sus problemas. Escoja retener fielmente su felicidad, en vez de deshacerse de ella frente a los problemas de la vida.

Algunos puntos para recordar

Algunos tipos de pensamiento causan emociones negativas. Los del tipo inseguro tales como pensamientos de enojo, de tristeza, de miedo, y de preocupación, hacen que se sienta perturbado y enojado. Los tipos de pensamiento seguro, tales como de agradecimiento, de alegría, de calma y de aceptación, promueven que uno se sienta bien y feliz. Que usted se sienta perturbado, es un asunto de elección más que de las circunstancias, así que no necesariamente tiene que sentirse mal cuando las cosas van mal. Ayúdese a si mismo a sentirse y mantenerse bien por mucho más tiempo, trate de escoger pensamientos seguros en vez de inseguros; los pensamientos seguros funcionarán mejor para usted.

Guía de estudio de preguntas

1. En general, cuando usted está inmerso en pensamientos seguros, ¿Cómo se siente?

2. ¿Por qué el pensamiento seguro es mejor para su bienestar emocional?

3. Identifique los tres *tipos* generales de pensamiento inseguro.

4. Proporcione un ejemplo específico de cada uno de estos tipos de pensamiento inseguro.

5. Piense en dos ocasiones en las que usted se sintió molesto por algo. ¿Qué pensamientos inseguros provocaron esos sentimientos?

6. Enumere tres *tipos* generales de pensamiento seguro.

7. Piense, cuánto tiempo usted pasa teniendo pensamientos seguros e inseguros a lo largo del día. Calcule estos porcentajes. Establezca una meta para elevar el porcentaje de pensamiento seguro y reducir la cantidad de pensamiento inseguro. Escriba estos números aquí (también escriba los porcentajes de «ahora» en la evaluación del progreso del lector y el formato de retroalimentación de la página 243):

AHORA	
% SEGURO ( )	% INSEGURO ( )
META	
% SEGURO ( )	% INSEGURO ( )

8. Haga una lista de pensamientos inseguros que a usted le gustaría cambiar.

3

Paso 3: Las emociones como un sistema de señales para el bienestar

Las emociones negativas no son estados, son señales para actuar

Todos los seres humanos tienen la capacidad de experimentar un amplio abanico de sentimientos y emociones. Nuestras emociones nos dan la habilidad de reaccionar al peligro, así como de experimentar momentos significativos en la vida, saborear nuestros triunfos y lamentarnos de nuestras desgracias. Nosotros tenemos estos sentimientos, pero ¿Por qué los tenemos? ¿Para qué sirven? En esta sección, usted tendrá la oportunidad de profundizar su conocimiento sobre cómo funcionan las emociones y aprenderá a regularlas. Aprenderá también a percibir sus emociones como si fueran un «sistema de señales bio-sicológicas» y descubrirá cómo usar este sistema de señales para incrementar su bienestar y salud mental y comprenderá que el pensamiento seguro e inseguro juegan roles claves en este proceso. El material aquí presentado le permitirá incrementar su entendimiento y capacidad de regular cómo se siente, mejorar su estado de ánimo y promover una felicidad constante.

Ahora sabemos que uno de los propósitos de las emociones, es ayudar a protegernos. Por ejemplo, nuestra respuesta pelear-o-huir. Desde una perspectiva evolutiva, es razonable asumir que hemos desarrollado respuestas como la ira y el temor porque estas emociones nos ayudaron a prepararnos contra amenazas a nuestra supervivencia. Caminamos erguidos, hablamos y tenemos la habilidad de procesar información compleja, porque al hacerlo así, aprendemos a mantenernos vivos, a competir con otros organismos y los propios. Basados en estos razonamientos, hemos desarrollado capacidades para tener emociones como la ira y el miedo, porque ellas nos ayudaron con nuestras necesidades de supervivencia. Estas emociones están allí para ayudarnos a pelear o huir. El experimentar emociones como el miedo o la ira nos permite responder de una manera eficaz y protectora cuando confrontamos amenazas a nuestro bienestar. Nuestras emociones no solo nos alertan de amenazas inminentes, sino que también aceleran la preparación de nuestro cuerpo (latido cardíaco, respiración, volumen sanguíneo, musculatura, dilatación de las pupilas, etc.) nos ayudan a evitar o rechazar las amenazas. Nosotros podríamos haber usado las propiedades vigorizantes de estas emociones para protegernos contra un tigre diente de sable o cualquier otro depredador, y así escaparnos de ese infierno tan pronto como fuera necesario; respuesta sumamente importante en la historia de la supervivencia humana.

Sin embargo, debemos notar que al vivir en un mundo más seguro, la necesidad de reaccionar en forma primitiva para protegernos ha disminuido. Afortunadamente, muchos de nosotros difícilmente nos encontraremos ante una amenaza real a nuestra seguridad física. Vivir la vida en este mundo más tranquilo difiere de nuestro pasado primitivo. En ese entonces el sistema emocional de pelear-huir era necesario para la supervivencia. Si asumimos que no ejercemos una labor policial ni somos combatientes del octágono ¿Qué tan a menudo necesitaríamos activar estas emociones de protección de miedo e ira en nuestras vidas? ¿Qué tan a menudo enfrentamos amenazas físicas serias o situaciones donde la ira o el miedo nos llevan a huir como la mejor opción?

Aunque los tiempos han cambiado para muchos de nosotros, nuestros cuerpos aún tienen a flor de piel la respuesta pelear-huir. En el mundo actual estas emociones protectoras todavía se nos presentan. Muy a menudo se exacerban en el momento equivocado y por las razones equivocadas, algunas veces haciendo más daño que bien. Un ejemplo de esto, podría ser el camino a la ira, que es el resultado de la cólera mal controlada, la cual puede llegar a tener consecuencias serias en nuestra sociedad cada vez más contenciosa. La volubilidad emocional y la agresión, ya sea en la calle, la casa, la escuela, o el trabajo son fuente de serias preocupaciones sociales. Sin control, nuestras emociones de pelear-huir tienen consecuencias dañinas para nuestra relación social y para nuestra salud física y emocional. Además, periodos prolongados de miedo, preocupación e ira, pueden ser causa de una variedad de enfermedades emocionales que incluye desordenes de ansiedad, depresión, estrés, agotamiento, y muchos otros problemas psicológicos. Dada la seriedad de este asunto, nos debemos a nosotros mismos ser más eficientes en entender y manejar nuestra conducta emocional. Nuestra salud mental, felicidad, bienestar, y participación como miembro de la sociedad, todo depende de eso.

Además del miedo y la ira somos capaces de sentir muchas otras emociones. Algunas de ellas ocurren cuando experimentamos éxtasis, nos sentimos felices y en paz, y otras cuando tenemos estados de preocupación y tristeza o cuando empezamos una vida existencial de temor. ¿Por qué tenemos todas estas emociones y sentimientos?, ¿Hay una explicación acerca de por qué experimentamos esta diversidad de sentimientos buenos y malos, una explicación que nos ofrezca un entendimiento profundo de su propósito y de cómo usarlas mejor?

Yo creo que una explicación más completa emerge cuando nosotros empezamos a mirar nuestras emociones como señales vigorizantes que están allí para apoyar tanto a nuestra seguridad física como a nuestro bienestar emocional. Todas nuestras emociones (placenteras y desagradables) pueden ser vistas como señales; son señales importantes de retroalimentación, provenientes de nuestro pensamiento, que preservan e incrementan nuestro bienestar físico y psicológico y rechazan amenazas potenciales. Cuando experimentamos un sentimiento negativo (como miedo o ansiedad) o uno positivo (como alegría o tranquilidad), recibimos una de estas señales importantes de energía que nos transmiten información sobre algo que parece bueno o malo para nosotros. Estas señales provienen de nuestros pensamientos. Cuando se siente triste o decaído, por ejemplo, la señal emocional que su pensamiento trasmite es que algo no está bien. Cuando se siente feliz, la señal generada por su pensamiento es que las cosas están bien o más que bien. Sus emociones funcionan como un sistema constante de señales que le proveen una retroalimentación psicológica importante, que es vital para la regulación adecuada de su salud física y emocional. Al estar más dispuesto a estas señales y aprender cómo funciona este sistema, usted puede llegar a ser un experto en regular sus emociones, guiar su conducta y mejorar su bienestar emocional.

Ahora miremos más de cerca la conexión entre estas señales emocionales y nuestro pensamiento seguro o inseguro. El pensamiento inseguro es la forma en que su cerebro lo alerta de preocupación, tristeza, dolor, u otras señales de emoción que parecerían indicar la percepción de un problema, de algo que no está bien. Es muy importante darse cuenta que mientras piense de esa manera, usted continuará experimentando emociones perturbadoras de miedo, cólera, preocupación, etc. La emoción negativa no se irá hasta que el pensamiento inseguro desaparezca, hasta que usted cambie este pensamiento.

¿Cómo debería responder a los signos emocionales perturbadores? La razón de ser de estos signos es incitar acciones para resolver o eliminar la desazón. Usted debe actuar para restaurar su estado mental cuando estas señales aparecen. En respuesta a estas señales perturbadoras, primero debe determinar si el pensamiento inseguro, el cual es el trasfondo de la señal emocional, realmente está justificado. Usted tiene que estar convencido de que esta señal de alerta le garantiza su reacción a esa situación. Explore sus opciones: ¿Es mejor para usted tratar de cambiar la situación, o simplemente tratar de cambiar sus pensamientos acerca de eso? Verifique la certeza de su pensamiento. La señal (miedo por ejemplo) podría estar basada en una percepción válida de peligro, que requiera una acción de su parte. Por otro lado, este signo podría ser el resultado de una mala interpretación o una reacción exagerada de su pensamiento. Si fuera así, habría poco o ningún beneficio en tomar acción con respecto a esta señal, en su lugar, sería mejor calmarse y pensar diferente.

Supongamos que el sistema de emociones provoque cólera en quien aparentemente tiene derecho al espacio de aparcamiento. Una respuesta colérica desmedida podría llevar a una competencia de gritos o incluso, a una confrontación física. La reacción exagerada ante estas alarmas emocionales falsas es imprudente y posiblemente peligrosa. En esta circunstancia, la respuesta correcta sería acallar ese pensamiento inseguro de cólera que señala erróneamente una seria violación a nuestro bienestar e incita a entrar en una confrontación.

Cuando experimentamos emociones que indican un problema, necesitamos hacer algo para reducir la desazón. La pregunta es: ¿Qué hacer? Necesitamos ser cuidadosos para tomar la decisión apropiada. En el ejemplo del aparcamiento, es mejor para nosotros dejar de lado los pensamientos de cólera, en vez de dejarnos llevar por ellos a una confrontación. No hay ninguna amenaza real y una confrontación solo empeoraría la situación. Sin embargo, si usted nota que un empleado de un almacén le cobró excesivamente, y usted se siente enfadado por eso, el reaccionar a esta señal, discutiendo este problema con el empleado del almacén o el gerente, podría resultar en un beneficio para su bienestar. Enojarse por estas circunstancias, sin hacer nada, no las cambiará.

Así entonces, cuando el pensamiento inseguro nos perturba necesitamos tomar una decisión que eliminará la luz de advertencia emocional y dará una solución a estos problemas. Elija actuar en respuesta a un pensamiento inseguro, si existe una base válida para tomar esa medida, o desligúese de ese pensamiento si no la hay. Usted no quiere estar atrapado en el medio, donde continua en un estado perturbador y no hace ni una cosa ni la otra. Cuando el pensamiento inseguro lo incite a sentir estas señales de alarma o disconformidad emocional, debe tomar una decisión que resuelva la perturbación ya sea mediante el pensamiento o los hechos. Esto es congruente con el propósito adaptativo y el uso óptimo de su sistema de señales emocionales.

Dese cuenta que las dificultades emocionales y los desórdenes como la ansiedad, la depresión y muchos otros, muy a menudo resultan de estados de pensamiento inseguro. Cuando usted hace esto, en lugar de tomar decisiones que mejorarán las circunstancias o sus pensamientos con respecto a ellas, atrae el problema emocional. Entonces, usted ignora o actúa en forma inapropiada con respecto a su sistema de señales emocionales y pone en peligro su bienestar emocional. Sea cuidadoso y permanezca en el lado correcto del camino de sus emociones y preste atención a esas señales que lo perturban.

Para continuar sintiéndose bien, asegúrese evitar quedar atrapado en el medio de un pensamiento inseguro donde usted continua perturbándose a si mismo acerca de algo, mientras permanece sin hacer nada. Todo lo que logrará es sentirse mal. Si por ejemplo, usted continuara albergando pensamientos de enojo contra el hombre que se apoderó de «su» espacio de aparcamiento, mucho tiempo después de cuando ocurrió ese evento, entonces estaría cayendo en una trampa emocional. Todos los arrepentimientos y resentimientos nacen de este tipo de pensamiento vicioso. El perpetuar pensamientos inseguros solo sirve para hacerlo sentir innecesariamente perturbado por más tiempo. ¿Conoce en su vida a alguien que suela hacer demasiado hincapié en eventos negativos absorbiendo su energía y la de otros? Piense en las alarmas emocionales que suenan debido a su pensamiento inseguro, emitiendo señales de acción, indicando que está en un estado en el que no debe permanecer. Use las señales o deshágase de ellas, pero no las mantenga en funcionamiento.

El propósito principal del pensamiento inseguro es emitir una señal por medio de un sentimiento desagradable, que le indica que algo marcha mal y así, cargarlo de energía por si fuera necesario hacerle frente a la situación. Para manejar bien esta parte de nuestro sistema de señales emocionales, simplemente necesitamos actuar de forma que se reduzca razonablemente el malestar y en un tiempo oportuno. Esto parece bastante razonable y adaptable, pero ¿Qué hay de su pensamiento emocional seguro?

¿Cuál es la función —propósito adaptativo— de los pensamientos seguros que producen sus sentimientos y emociones positivas? Ciertamente, los pensamientos seguros nos hacen sentir bien y contribuyen a nuestra felicidad, pero ¿Son también señales vigorizantes? ¿Si lo son, con qué fin? En realidad, sí son señales vigorizantes y tienen un propósito importante. Cuando usted experimenta una emoción positiva, tiene un pensamiento emocional seguro, una confirmación que algo agradable se presenta para su bienestar, y parece estar bien. Por ejemplo, cuando usted experimenta carcajadas o gozo, usted recibe estas señales emocionales positivas.

¿Qué informaciones pasan las señales provenientes del

pensamiento seguro y qué quieren transmitir? y ¿cuál es su propósito vigorizante? Asumiendo que una moral recta y una idea razonable informan su pensamiento, estas señales indican que usted interpreta las cosas favorablemente. Sus pensamientos le proporcionan una retroalimentación positiva que le hace sentir bien en ese momento. Por medio de estas señales positivas, usted puede detectar que se siente atraído hacia cierto tipo de pensamiento seguro que es favorable para su bienestar. Al repetir y propiciar pensamientos y acciones favorables que generan estas señales positivas mejora su estado de ánimo y bienestar. El pensamiento seguro le ayuda a sentirse bien e incrementa otras conductas que engendran bienestar[6].

Usted puede tener pensamientos relajantes para sentirse más relajado, o puede realizar acciones que le provoquen pensamientos y sentimientos de relajación. Para dar un ejemplo, usted podría pensar en un día relajante en la playa, o pasar un día en la playa, para impulsar el pensamiento que le da ese sentimiento placentero de relajación. Sin embargo, usted debería quizá dejar de lado el consumo repetitivo de alcohol si esa es la forma que ha encontrado para relajarse. Cuando se

---

[6] Sentirse bien por sentirse bien no es suficiente. Fredrickson (2001) propone en su Teoría de la Construcción Amplia que las emociones positivas como la alegría y el contentamiento pueden también servir a un propósito evolutivo más profundo. Ella y sus colegas han realizado investigaciones mostrando que las emociones positivas proporcionan recursos que no solo nos hacen felices, sino que nos ayudan a mantenernos más saludables y nos permiten funcionar de manera adecuada.

requiere trabajar mucho, usted puede rechazar sabiamente sentirse mal y provocar pensamientos de estimulación y aprobación para mantener el optimismo mientras usted acaba su trabajo.

Por medio de nuestro pensamiento seguro, recibimos señales emocionales indicándonos que estamos pensando y comportándonos de maneras en las que coadyuvamos el bienestar. Sentimos a través de estas señales que nuestros pensamientos o acciones son favorables para nosotros; estas son señales beneficiosas que vigorizan nuestros recursos de lucha, incrementan la capacidad de reaccionar y enriquecen nuestra felicidad y satisfacción en la vida. Para el bien de todos, es bueno recordar cómo atraer y seguir atrayendo estos pensamientos seguros y acciones una y otra vez.

Algunos puntos para recordar

Su pensamiento seguro e inseguro le provee luces rojas y verdes como señales emocionales vitales para su estado de ánimo. El prestar atención a estas señales y a cómo usted se está sintiendo en ese momento, le permite tomar ventaja total de este sistema importante de retroalimentación emocional y mejorar la regulación de sus emociones y felicidad. Al escuchar estas señales y acoplar sus pensamientos y acciones correctamente, usted puede maximizar las señales de bienestar y limitar las señales de malestar, y además acrecentará su capacidad para adaptarse y desarrollarse, física y emocionalmente.

Guía de estudio de preguntas

1. Sus emociones actúan como un sistema de señales. ¿Qué le dicen?

2. Cuando se siente perturbado ¿Cuáles son sus mejores opciones?

3. ¿Qué rol juega el pensamiento inseguro en este sistema de señales?

4. ¿Por qué una persona no estaría usando su sistema de señales emocionales prudentemente si él o ella continuase enojado(a) por una situación del pasado?

5. Cuando se siente realmente bien por algo, ¿Qué le dice este sistema emocional?

6. Sabiendo que usted tiene este importante sistema de señales emocionales. ¿Percibe usted alguna forma en la que podría mejorar este sistema para usted?

4

Paso 4: La pequeña Sara

Si no es bueno para la pequeña Sara, no es bueno para usted

Usted ahora entiende que sus emociones se desempeñan como un sistema complejo de señales que promueven la adaptación. Cuando este sistema de señales, actúa acertadamente, lo prepara para detectar y responder a las circunstancias que lo retan o incrementan su bienestar. Cuando usted use adrede y cuidadosamente su sistema de señales emocionales, obtendrá una mejor regulación de su ánimo y bienestar. Sin embargo, debido a que su sistema de señales emocionales está arraigado en sus pensamientos, es decir, a cómo usted aprendió a pensar acerca de las cosas, la efectividad de su funcionamiento se reducirá a lo que haya aprendido. ¿Aprendió a pensar de una manera segura en la mayoría de las situaciones y por mucho tiempo? o ¿Aprendió a usar muchos pensamientos inseguros tales como la preocupación, cólera, tristeza o culpa? ¿Qué aprendió a pensar de si mismo? Lo más importante: ¿Qué tipo de relación aprendió a tener consigo mismo?

La clave es si la experiencia de la vida nos enseñó, o no, cómo mantener nuestro pensamiento seguro e inseguro en equilibrio y si nos impartió el cuidado personal debido para tener felicidad y un funcionamiento emocional óptimo. Estos son puntos claves porque la calidad de nuestro bienestar emocional, finalmente depende de que tan bien aprendimos a pensar emocionalmente. En esta sección usted verá cómo la experiencia de la vida moldea la manera en que sostenemos o no la felicidad, el cuidado personal y el bienestar emocional. Para poder entender mejor este tema, he ideado a una niña pequeña, llamada Sara, la cual es muy encantadora y amorosa. La pequeña Sara le ayudará a ver más claramente cómo se desarrolla este aprendizaje emocional. Usted verá cómo sus experiencias emocionales afectan y moldean su aprendizaje emocional y su salud emocional. Al ver lo que funciona y lo que no para la pequeña Sara, usted también tendrá una perspectiva más clara de los tipos de experiencias emocionales y aprendizaje que todos debemos cultivar para promover una vida más feliz. Pero antes de conocerla, quisiera hablarle del cliente que me motivó por primera vez a pensar en la pequeña Sara.

Hace aproximadamente diez años, trabajaba con un hombre llamado Leonardo quien tenía, aproximadamente 50 años. Él era muy agradable, pero también, muy estirado, serio y deprimido. Como era un hombre de negocios, Leonardo siempre llevaba traje y corbata en nuestras sesiones y típicamente mantenía un aire formal durante nuestras conversaciones.

Excepto por algunas expresiones ocasionales de cólera, él estaba desprovisto de otras emociones. Leonardo era excepcionalmente duro consigo mismo, la explicación era que tanto él como su hermana tuvieron una educación muy estricta. Recuerdo que una vez dijo que no podía recordar qué se sentía divertirse.

Cuando Leonardo me habló de sí mismo, no pude dejar de preguntarme cómo sería estar en su mente: todas las reglas, el apuro para juzgarse cada vez que no llegaba al máximo de sus metas, la falta de buen humor o compasión personal; todo esto debe haber hecho su vida muy triste. Su único consuelo parecía ser comprar cosas como autos, televisores y cosas triviales que realmente no necesitaba; fumar marihuana o tomarse unos tragos de whisky al final del día para relajarse.

Me pregunté si Leonardo era capaz de escucharse a sí mismo y verdaderamente notar cómo se sentía o darse cuenta de lo que había ocasionado que se sintiera así. Si era capaz de escucharse a sí mismo ¿Sabía qué hacer cuando se sentía triste o herido, o cuando su crítica voz interna empezaba a salmodiar: «Tú no eres lo suficientemente bueno», ¿Por qué era siempre tan duro consigo mismo?, ¿Por qué Leonardo siempre sentía la necesidad de comprar cosas, fumar o beber algo para sentirse mejor?, ¿Por qué no podía recordar lo que era divertido?, ¿Por qué su sistema de señales emocionales y su cuidado personal se habían puesto en peligro?, ¿Cómo ayudamos a este hombre a superar su situación?

También reflexioné acerca de la historia de Leonardo: su mamá era estricta, bastante crítica, y otros asuntos absorbían su atención usualmente; la mayor parte del tiempo los padres no estaban disponibles emocionalmente para él y su hermana. ¿Qué tan positiva pudo haber sido esta clase de hogar para ellos? Parece que cuando Leonardo, de niño, se atrevía a expresar sus necesidades emocionales, usualmente no eran escuchadas o estaban supeditadas a otras necesidades y prioridades de sus padres. ¿Por qué un niño se incomodaría en expresar sus sentimientos o necesidades —tristeza, aburrimiento, decepción, algo que deseaba o no deseaba, cualquiera de esos casos— si los padres a menudo se comportaban como si estuvieran demasiado ocupados o como que no les importaba? Es muy fácil ver como Leonardo aprendió a cerrarse emocionalmente. Después de todo, el sistema de señales emocionales de Leonardo fue ignorado en gran medida. De niño, constantemente, él debe haber llegado a la conclusión: «Si no importa como me siento o como expreso mis sentimientos, ¿Para qué me molesto en sentir algo?»

En circunstancias de una niñez como esta, el recibir un cuidado adecuado, cariño y aprender cómo quererse a sí mismo, a lo mejor se convierten en una enseñanza propia, a la buena de Dios. El sistema de señales emocionales empieza a deformarse en un sentimiento de desamparo y canaliza su dolor en ansiedad, apatía y depresión. Los esfuerzos ritualistas de calmarse a sí mismo y comportarse mal emergen como substitutos provisionales debido a la escasez de atención y cuidado de los padres. Estas conductas se manifiestan en situaciones de hablarse a sí mismo, tics nerviosos, meterse el dedo a la nariz constantemente, masturbación aberrante, peleas, búsqueda de atención negativa, comer en exceso, o menos de lo normal, etc. Y la lista puede continuar aún más y más.

Me encontré diciendo a este hombre, «Leonardo, ¿sabes cómo escucharte a ti mismo, prestas atención a tus sentimientos?» Pensé que esta pregunta lo haría ver que estaba ignorando sus sentimientos tal como lo habían hecho sus padres. Pero, una cosa rara pasó. Leonardo parecía no tener idea de lo que yo hablaba. Él solo me decía, «No sé qué quiere decir, ¿Escucharme a mí mismo?» Traté de explicarle varias veces lo que quería decir pero fue en vano. Deseaba que pudiera reconocer que la manera cómo se abandonaba y trataba a sí mismo emocionalmente, era probablemente la razón por la que se sentía enojado, deprimido, despreciándose, o simplemente sin emoción. ¿Quién no estaría así?, ¿Cómo podría sentirse uno si constantemente ignorara sus propios sentimientos y los hiriera? Con Leonardo había muchos pensamientos inseguros y pocos seguros; poco apoyo de los de afuera y aún menos de su vida interna. Esta era la fórmula para una disfunción emocional. Leonardo no sabía cómo escuchar sus emociones porque había aprendido muy temprano en su vida que sus sentimientos no eran importantes realmente.

Puesto que la atención debida es posible solo cuando se escuchan los sentimientos, yo quería enseñar a Leonardo a escuchar sus emociones, para que pudiera atenderlas mejor. Decidí entonces idear una persona especial, que yo esperaba, pudiera enseñarle a escuchar esas emociones. Quería ayudarlo a entrar en contacto con todo aquello que poseemos: las sensaciones, y la capacidad de comunicar y sentir. Lo haría por medio de la presentación de un ejemplo exquisitamente sensible y auténtico del sentimiento de sí mismo. Empecé a conjurar en mi cabeza. Yo podría ayudar a Leonardo a que escuchara sus sentimientos haciéndole escuchar primero a la pequeña Sara.

Emocionalmente transparente, amorosa e inocente, la pequeña Sara sería honesta con sus sentimientos. Ella sería alguien a quien espontáneamente quisiéramos cuidar y atender, alguien inocente e impetuosamente sincera. Ella sería absolutamente perfecta para esta parte, la personificación de una prueba de fuego para decirnos lo que era bueno para ella y lo que no. De la manera más directa, la pequeña Sara nos revelaría cómo todos nosotros nos adaptamos a sentir y reaccionar cuando nuestras necesidades han sido resueltas o no. Esperaba que Leonardo aprendiera bien qué significaba «escuchar» si él podía escuchar a la pequeña Sara. Todo lo que tendría que hacer entonces, sería escucharla.

Sin saber siquiera cómo estas ideas se desarrollarían, empecé diciendo: «Muy bien Leonardo, para aprender a distinguir lo que quiero decir por escucharse a si mismo, te voy a contar una historia». Le describí la primera escena: —Yo veo a una dulce niña pequeña frente a la TV en la mañana desayunando. Parece tener no más de dos o tres años, está mirando su programa favorito, Barney, (no estoy seguro por qué escogí a Barney, este dinosaurio morado nunca fue uno de mis favoritos). Le describí la escena a Leonardo y le pedí que imaginara que él estaba realmente ahí mirando todo conmigo. Le pedí que prestara atención a cómo se podría sentir la pequeña niña tal como progresaba el relato.

—Escucha cuidadosamente Leonardo —le dije— Trata de sentir sus emociones, trata de escuchar lo que ella puede estar sintiendo.

Describí a Sara sentada tranquilamente, disfrutando su cereal con una taza de jugo de naranja. Tomar su desayuno y mirar al dinosaurio morado en la TV eran dos de sus cosas favoritas en el mundo. A punto de servirse más cereal, ¡hala! su piececito golpea la taza y el jugo de naranja se derrama en la alfombra de la sala. En es momento aparece la madre, apurada e increpando. —¿Qué pasó Sara?, ¿derramaste el juego en la alfombra?, ¿qué pasa si se tiñe? Tú sabes que no tengo tiempo para esto, Sara. ¡Otra cosa más que limpiar, se me ha hecho tarde para ir a trabajar!

Le pedí a Leonardo que tratara de sentir lo que la pequeña podría estar sintiendo mientras la madre hablaba. Continuando con la escena, la madre de Sara dice: —Tú sabes Sara, acabo de gastar $85.00 en mandar a lavar la alfombra —

su tono de voz se alza más— Necesitas ser más cuidadosa, la verdad es que no tengo tiempo para esto. La niñera está aquí y me tengo que ir. Mirando a mi cliente le pregunté: —¿Qué notaste? ¿La mano de la pequeña está temblando un poco? ¿Su cara está sonrojada?, ¿Tiene una lágrima en su ojo?, ¿Puedes escucharla y sentir lo que puede estar sintiendo?

Algo vacilante, Leonardo respondió. «Parece que ella tiene miedo y está enojada».

Con las vívidas viñetas de esta historia Leonardo pudo escuchar los sentimientos de la pequeña Sara. Empecé a pensar que comenzábamos a llegar a alguna parte con la ayuda de la pequeña Sara.

—Muy bien Leonardo, ahora trabajemos una situación diferente — dije—, escena dos. En esta escena, decidí incluir a una persona más amable y cuidadosa, que haría el rol de la madre evocando sentimientos diferentes en la pequeña Sara. Otra vez pedí a Leonardo que prestara atención a cómo se sentía Sara conforme se desarrollaba la historia. En esta versión de la historia la madre de la pequeña Sara entra en el cuarto después que el jugo se cayó, y le dice a su hija —Oh querida, ¿tuvimos un derrame? No te preocupes Sara, todo está bien. Sé que no lo hiciste a propósito. Traeré algo para limpiar esto. Le toca el brazo y mientras limpia la alfombra, su madre continúa diciendo —Sabes, quizá necesitamos una taza de entrenamiento con tapita para que no se derrame tan fácilmente, o quizá sería bueno que primero termines de beber tu jugo en la mesa de la cocina.

Sara dice —¿Una taza con la figura de Barney?

La mamá sonríe —Si, cariño, una taza con la figura de Barney, si es que la puedo encontrar. Ya estoy por irme al trabajo, pero primero dame un abrazo grande.

Aquí, le pedí a mi cliente que describiera cómo la pequeña estaría sintiéndose en el escenario, ¿Estaba fastidiada?, ¿Estaba calmada?, Leonardo respondió. «Ella estaba más calmada, no tan enojada». ¡Vaya! Realmente, empezábamos a llegar a algún lado. Las escenas acerca de Sara lo estaban ayudando a escuchar los sentimientos.

En la medida que nuestro trabajo avanzaba, Leonardo aprendió a redescubrir sus propios sentimientos, una capacidad que se había atrofiado hacía mucho. A medida que explorábamos otros significados de la metáfora de la pequeña Sara, Leonardo halló otros medios para atender y cuidar sus sentimientos, medios que habían sido tristemente abandonados en etapas tempranas de su vida.

La pequeña Sara parecía ser una promesa real. Ella era la llave perfecta para abrir la cerradura emocional que yo había percibido en Leonardo. Pensar en ella también me hizo sentir que los niños vienen a este mundo hermosamente preparados para dejarnos saber qué sienten y qué necesitan, si están asustados, tristes, hambrientos, con sueño o felices. Si no maltratamos esas emociones desde temprano, se comportan naturalmente como una brújula bien calibrada que generalmente apunta hacia la verdad. Su sistema de señales emocionales es la forma natural de dejarnos saber qué está bien y qué no lo está, si lo escuchamos. Cuando son atendidos apropiadamente, los sentimientos de los niños nos proveen una información invaluable para mantener su bienestar emocional y físico. Como padres, debemos vigilar sus señales emocionales para detectar signos de malestar físico, emocional o del bienestar. Estas señales nos ayudan a reconocer si nuestras acciones como padres ayudan u obstaculizan su bienestar emocional y físico.

Al usar la metáfora de la pequeña Sara, empecé a ver cómo el sistema de señales emocionales de los niños no existe únicamente para ayudar a otros a promover su bienestar físico y emocional. Parece que desarrollamos la capacidad de mantener el bienestar físico y emocional por nuestra cuenta tan pronto como adquirimos el aprendizaje emocional necesario para usar el sistema. Al darme cuenta de esto, pensé que también podría usar a la pequeña Sara para facilitar el aprendizaje emocional en otros clientes. La pequeña Sara rápidamente se convirtió en mi profesora favorita.

Una y otra vez, la pequeña Sara nos muestra qué es lo que emocionalmente funciona mejor para ella. Todos nacemos más o menos como ella, capaces de señalar la verdad con nuestros sentimientos, si nuestros sentimientos son respetados y considerados. Al darle a Sara cualquier edad, y al ponerla en todo tipo de situaciones, podemos rápidamente determinar qué es lo mejor para ella emocionalmente y probablemente también para nosotros porque ella sería la primera en dejárnoslo saber. Ella permanece absolutamente fiel a sus sentimientos porque nadie los ha echado a perder todavía. Con la pequeña Sara, lo que ve, es lo que es. Ella nos dejará saber si en realidad estamos yendo en la dirección deseada por ella o no. También nos mostrará que nosotros regulamos las emociones adecuadamente solo cuando somos fieles a nuestros sentimientos. Ella nos ayudará a ver que la adecuada conciencia emocional es el camino real a su bienestar, así como lo es para el nuestro. Ver esta conexión es el objetivo principal de este paso.

Ahora, descubramos qué más nos puede decir la pequeña Sara acerca de como debe ser tratada para mantener su salud emocional y felicidad en buen estado. El proteger el bienestar emocional debería ser un principio rector para ella y para nosotros.

La próxima escena es acerca de la pequeña Sara, quien está extremadamente contenta porque va a tener un cachorrito. En el camino, nos aseguramos de no arruinar esta ocasión especial siendo insensibles a sus sentimientos.

Sara, de cuatro años de edad, va a tener un perro hoy, está tan entusiasmada que por momentos parece no poder contener esa alegría. Continua saltando y dando vueltas a la vez que pregunta, «¿Ya es hora de ir, podemos comprar el cachorrito ahora? Por favor mamá».

La mamá responde con cuidado y empatía

—Todavía no Sara, pero pronto.

— ¿Cuándo mamá, cuándo? —Sara ruega.

— Muy pronto Sara, en diez minutos más o menos, tan pronto como papá llegue a casa. Puedo ver lo feliz y entusiasmada que estás, realmente quieres que tengamos nuestro cachorrito nuevo. Yo también estoy entusiasmada. Pronto iremos por el cachorro, pero por favor ten paciencia y así podremos ir en familia.

Sara abraza a su mamá diciendo:

— Ya no puedo esperar más para tener nuestro cachorrito.

— Sé que ya no puedes más cariño, es difícil esperar para mí también.

Aquí, su mamá ha sentido los sentimientos de alegría de su hija y le ayuda a mantenerlos. Sara florece, se desarrolla bien.

Compare esta validación y comprensión del entusiasmo de Sara con una respuesta diferente, de una figura paternal impaciente, la cual inventamos aquí:

—Mira Sara, ya me estoy cansando del ruido y conmoción que estás haciendo por este perro. Si no paras ahora, quizá ya no vayamos para nada.

La alegría de Sara se torna en aprehensión. Sus chillidos llegan a su fin. Su capacidad de experimentar alegría es un elemento precioso en su bienestar. Apagar su entusiasmo sería un trágico mal paso en su cuidado emocional. Si no apoyamos el entusiasmo natural en la pequeña Sara, al igual que Leonardo, ella también podría olvidar lo que significa tener diversión.

Ahora miremos como se puede tratar a Sara, una chica de 5 años y medio cuando está aburrida. Sara ha estado entreteniéndose en su habitación por un buen rato, pero ya llegó al límite de como encontrar otras formas de diversión. Ha revisado exhaustivamente todos sus libros interesantes, manualidades favoritas, y animalitos de peluche; aun así, su inagotable imaginación llegó a un punto final. Sin saber que más hacer, se siente muy aburrida. Se dirige abajo con frustración, y le dice a su papá:

—Ya no hay nada que hacer. Todo aquí es aburrido.

Felizmente, su papá está emocionalmente disponible y es capaz de escuchar las señales de Sara necesitando auxilio. Ella es aún muy joven, la incapacidad de Sara para resolver este tipo de problemas por sí misma es comprensible.

Su padre responde:

—Suena como si estuvieras aburrida Sara. Estuviste en

tu habitación por un tiempo largo. Quizá necesitamos encontrarte algo más que hacer. Podríamos invitar a una amiga tuya a la casa, ir de paseo o... —animando a la pequeña Sara— Quizá, ¿tú puedas pensar en algo más que seria divertido hacer?

Sara pregunta:

—¿Podríamos jugar un juego de mesa? ¿Por favor papá?

Su padre sonriendo le contesta:

—Si prometes no ganarme todo el tiempo, supongo que podemos.

Los sentimientos de aburrimiento de Sara, fueron escuchados y se resolvieron constructivamente. Su bienestar se fortaleció con ternura.

Usted se puede imaginar la otra cara de esta historia cuando el papá de Sara posterga su aburrimiento y no le interesa escucharla. Imagine también que él actúa firmemente, él no quiere ser interrumpido cada vez que se presenten las necesidades de ella. Con el tiempo, Sara empezará a creer que sus sentimientos no importan mucho. Probablemente, ella empiece a cerrarse en sí misma, sus sentimientos se adormecerán como Leonardo hizo de niño.

En el siguiente escenario, ella nos transmite que tiene sueño, aunque no reconoce que está cansada. Le asignaremos la misma edad. Ella está sentada en una silla verde muy grande y empieza a bostezar. A medida que habla, sus ojos pestañean y cabecea de un costado, ella ha estado un tanto irritable la última media hora. La mamá percibe las señales cuidadosamente diciendo a Sara:

—Sabes cariño, anoche nos acostamos muy tarde y tú todavía no has tomado tu siesta. Parece que tienes un poquito de sueño. Una siesta te ayudará. Vamos arriba y yo me recostaré junto a ti por unos minutos. La pequeña Sara acepta.

Otra vez, esta madre ofrece ayuda apropiada y cuidado a su hija. Sara es aún pequeña y muy joven para percibir sus propias necesidades de descanso de forma fiable, y algunas veces necesita el cuidado de sus padres que responderán mejor para apoyar su bienestar en esta situación. Para el beneficio emocional de Sara, su madre es cuidadosa y comunicativa con ella de una forma que le ayudará a desarrollar un mejor conocimiento de lo que significan sus sentimientos y qué es lo que finalmente debería aprender a hacer al respecto. ¡Buen trabajo Sara!, ¡Buen trabajo mamá!

Desafortunadamente, hay muchos adultos que aún no han aprendido lo que Sara está aprendiendo aquí. Ellos no escuchan bien sus propias necesidades y sentimientos, incluyendo sus necesidades para dormir. Otras actividades como el trabajo y los negocios son primeros, antecediendo a sus necesidades corporales como el descanso. Muy a menudo el bienestar es la última prioridad. Tristemente, esta es la lección que muchos enseñan a sus hijos también.

Algunas veces los sentimientos de Sara también se sienten heridos. ¿Qué se hace? Vamos a concluir esto, mirando este último ejemplo. Para esta viñeta la pequeña Sara está en segundo grado. Le encanta la escuela, pero ese día en particular ella regresa a casa en el autobús escolar, sentada a lado de dos de sus amigas, Elena y Beatriz. Como usted ya sabe, algunas veces los niños pueden llegar a ser malos unos con otros. Elena y Beatriz empiezan a bromear con Sara acerca de su pelo rojo rizado, diciendo: —Tu pelo es como el jugo de zanahoria, tu pelo es como el jugo de zanahoria.

Ellas continúan canturreando:

—Tu pelo es como el jugo de zanahoria, tu pelo es como el jugo de zanahoria— aun cuando Sara muy educadamente les pidió que pararan.

Finalmente, Sara pudo escapar del autobús. Camina a casa lentamente y cabizbaja, entra a la cocina donde su mamá trabaja con la computadora.

La mamá de Sara la saluda: —Hola cariño.

Sara responde simplemente: —Hola.

—¿Qué tal tu día?

Sara, con voz casi inaudible responde: —Supongo que bien.

La mamá siente que no es así: —Parece que algo no está bien, ¿Algo pasó hoy día?

Los sentimientos heridos de Sara rompen el silencio y ella exclama:

—Ellas decían todo el rato «Tu pelo es como el jugo de zanahoria», una y otra vez. Les pedí que pararan pero no lo hicieron.

—¿Quién dijo eso?

—Elena y Beatriz y seguían diciéndolo, una y otra vez.

Sara empieza a llorar.

—Lo siento mucho, Sara. ¿No me dijiste que Elena y Beatriz eran tus mejores amigas?

—Supongo que sí —responde ella en forma vacilante.

—Tú sabes, Sara, que esa no es la forma como las amigas

deberían hablarse una a la otra, ellas no deberían ser así de hirientes. Lamento mucho que esto te haya pasado. Déjame prepararte una merienda, y luego quizá podamos dar un paseo juntas con el perro. Dicho sea de paso, Sara, tienes un hermoso pelo rojo con rizos, igual que yo.

Sara se anima.

Al día siguiente, Sara regresa de la escuela, dando brincos. Después de saludarla, la mamá pregunta:

—Entonces, ¿cómo estás hoy?

Mucho más animada Sara dice:

—¡Bien! Hablé con ellas.

—¿Con quiénes?

—Con Beatriz y Elena. Les dije que no me gustó lo que dijeron de mi ayer. Pues las amigas no deberían burlarse unas de otras. Les dije que, si querían ser mis amigas, no lo deberían hacer más. Ambas me dijeron «LO LAMENTOOO».

—Así se hace Sara. ¡No está mal para una chica de segundo grado!

Lo primero que quisiera que vea aquí es que todos nosotros, como los niños, como la pequeña Sara, entramos al mundo bien preparados para informar a los demás acerca de cómo nos sentimos. Tal como los niños quizá no sepamos cómo solucionar nuestras necesidades, sin embargo, a través de la expresión de nuestros sentimientos y emociones no solamente mandamos señas de necesidades como «esa cama está muy dura» o «mi sopa está demasiado caliente» sino que también emitimos otras necesidades emocionales y físicas importantes. Nuestro bienestar está protegido y fortalecido cuando las figuras paternales saben guiar apropiadamente.

Obtendremos el cuidado que necesitamos si nuestros padres y otras personas a nuestro cuidado son capaces de escuchar realmente y responder a nuestras necesidades físicas y emocionales. Desgraciadamente, el camino real a la felicidad y la salud emocional tiene aquí muchos «si» en cuestión: funciona bien si los conflictos familiares y las peleas son minimizadas y no si nuestros padres evitan controlar y anular la mayor parte de nuestros sentimientos, o se vuelven extremadamente estrictos. Asimismo funciona si nuestros padres no son excesivamente necesitados o no hay alcoholismo u otras disfunciones emocionales serias en la familia. Básicamente, funciona si nuestros padres están emocionalmente disponibles y cuidan de nosotros, el uno al otro y de sí mismos.

Como Sara, todos nosotros estamos muy influenciados por lo positivo y negativo que recibimos de las personas que amamos y de las que dependemos. Si sus cuidados a nosotros fueron generalmente positivos y constructivos, *hay probabilidades* de que seamos más cuidadosos de nosotros mismos y que seamos capaces de expresar nuestros sentimientos. Nuestro bienestar está sobre una base sólida.

Por otro lado si se nos trata negativamente, nuestro ego estará a menudo debilitado por la indiferencia o por la crítica aguda y nosotros retrocedemos en vez de avanzar emocionalmente. Llegamos a ser reacios a arriesgarnos a ser abandonados, heridos o criticados. Nuestra valoración personal y bienestar se perciben como inciertos. Cada encuentro requiere una prueba si somos lo suficientemente buenos y otra prueba para saber si tendremos la seguridad para ser nosotros mismos y confiar en que la historia no se repita. Algunas veces nos refugiamos tanto que nuestro yo real ya no está presente. El yo detrás de la máscara se ausenta, y la disfunción se agrava.

Aun cuando hayamos recibido el cuidado positivo que necesitábamos de niños, existe algo más que debemos poseer para estar emocionalmente completos y tener la capacidad de regular y mantener nuestro bienestar emocional. Una vez que nuestras necesidades hayan sido atendidas por nuestros padres, nosotros debemos aprender cómo nutrirlas. Debemos aprender a cuidar nuestras necesidades emocionales nosotros mismos. Por favor, fíjese que yo no dije que deberíamos aprender a ignorarlas, o dejarlas en manos de otros para que lo hagan, tal como a menudo sucede.

Desafortunadamente, aprender a cuidarnos es la parte del aprendizaje emocional que dejamos abandonado por completo. Si estuviéramos entre los afortunados emocionalmente, y nuestros padres pudieran haber invertido mucho esfuerzo en saber cómo hacer las cosas, y entregar sus energías para cuidarnos emocionalmente, aun así esto no es garantía que ellos hayan sido competentes en cuidarse emocionalmente. Ahí radica la paradoja. Los niños aprenden con el ejemplo: debemos observar lo que hay que aprender. Si nuestros padres no entienden y modelan el cuidado de ellos mismos, nosotros enfrentaremos muy serios retos de aprendizaje de estas conductas por nuestra cuenta. A pesar de sus mejores intenciones, los padres que realmente hacen lo mejor por amarnos pero que carecen la habilidad de cuidarse nos envían un mensaje controversial, «haz como te lo digo, no como lo hago».

Sin oportunidades para ver y aprender habilidades de autocuidado, es más probable que nos veamos envueltos en una conducta de adultos emocionalmente necesitados que sufren una pérdida de bienestar emocional, o que coloquemos la carga de nuestras necesidades emocionales en las vidas de los que más queremos. En estas circunstancias, nuestras amistades y parejas son más propensas a las mascaradas, a las cuales llamamos más apropiadamente necesidades. No debería ser sorpresa que tales necesidades son un real factor contribuyente a una alta incidencia de divorcio en los matrimonios actuales. Aún más preocupante, estoy muy convencido que muchas, si no la mayoría de las disfunciones conductuales más extensas y problemas emocionales de nuestra sociedad se manifiestan por falta de cuidado de los padres y de uno mismo. Estas carencias no solamente alteran e incapacitan el aprendizaje emocional, sino que también contribuyen a nuestros problemas como la dependencia y la co-dependencia.

Finalmente, siendo el interés principal proteger nuestras oportunidades para madurar como adultos sanos que se cuidan, yo quisiera mencionar los efectos potencialmente perniciosos de ciertos guiones culturales implícitos en nuestra practica de crianza infantil. Ejemplos de frases comunes incluyen:

«Los niños grandes no lloran».

«Te comportas como un bebé».

«Necesitas madurar».

«Actúa como un hombre».

«Actúa como una adulta».

«Estás siendo inmaduro».

Si bien puede ser cierto que algunos niños y adultos podrían ser acusados de tener un desarrollo fuera de lo esperado, hay otra cara en estos mensajes. Esto es, el mensaje pueda ser que diga: «para de mostrar tus verdaderos sentimientos porque no me siento con ganas de lidiar con ellos». O bien, «actúa (indiqué 'actúa')como una persona adulta»: ej. Ponte tu *máscara social,* esconde tus verdaderos sentimientos, adormécelos y actúa como todos los demás. Aquí, las exhortaciones de «crecer» pueden llevarnos cuesta abajo en el aprendizaje de cómo sumergir nuestros propios sentimientos y ser lo que los demás desean en vez de ser nosotros mismos. Ponte la máscara social, actúa como si no estuvieras sintiendo lo que en realidad estás sintiendo (Porque no nos sentimos cómodos expresando como nos sentimos). Al tratar de cumplir con las exigencias de usar adecuadamente la máscara social de «ser adulto», podríamos llegar a ser muy buenos en la práctica del arte del *no-ser*. El *no-ser*, es alguien que ha aprendido a sumergir su propia identidad. Si hacemos esto, nos dirigimos cuesta bajo por el camino de la disfunción. Para crecer hacia nuestro bienestar, nosotros siempre debemos proteger y preservar a la maravillosa pequeña Sara que habita en nosotros. Debemos esforzarnos en mantenernos centrados, emocionalmente verdaderos y en nunca perder de vista la persona que somos por dentro.

Algunos puntos para recordar

Nuestras emociones proveen información extremadamente importante acerca de nuestro bienestar físico y emocional. De niños necesitamos que otros nos escuchen y nos críen correctamente para desarrollarnos y sentirnos bien. Al hacernos adultos, también debemos aprender cómo cuidar de nosotros mismos. Para tener el aprendizaje emocional que hace posible el bienestar, debemos recibir el cuidado apropiado en nuestra niñez, o si es el caso que carecemos de esa experiencia, entonces debemos tratar de obtenerla después. Tal como la pequeña Sara nos muestra claramente, ella tiene que ser amada y nutrida emocionalmente para sentirse bien y florecer. Para que usted se sienta bien y florezca, usted tiene que asegurarse que usted se cuida y se trata tan bien como usted lo haría con ella. Asegúrese de que su relación consigo mismo, sus acciones y su capacidad de cuidarse emocionalmente, pasan la prueba de la pequeña Sara: Cuando eso funciona para ella, entonces usted sabe que eso también funciona para usted.

Guía de estudio de preguntas

1. Leonardo no entendía lo que significaba escucharse a sí mismo. ¿Qué significa «escucharse a sí mismo»?

2. ¿Por qué es tan importante para usted escuchar cuidadosamente a la pequeña Sara y a usted mismo?

3. Los padres necesitan cuidarnos y nutrirnos emocionalmente y también enseñarnos cómo hacerlo nosotros mismos. Explique por qué ambos son tan importantes.

4. Muchos adultos parecen usar «máscaras sociales». ¿Qué sugiere esta conducta?

5. ¿Qué clase de cosas cree usted que la pequeña Sara aprende a través de sus interacciones con las figuras tan «simpáticas» de los padres de estas historias?

6. Explique que significa «pasar la prueba de la pequeña Sara» en términos de su relación con usted mismo.

7. Piense cómo trataría usted a la pequeña Sara. ¿Cómo esto se compara a como usted se trata?

5

Paso 5: Reflexiones en el camino

*Esperar que las cosas sucedan, para que usted sea feliz,
es un substituto pobre para ser feliz mientras usted espera
que las cosas sucedan*

Usted ya sabe que sus emociones vienen de sus
pensamientos y que hay pensamientos seguros e inseguros.
Saber esto le da una ventaja tremenda para reconocer de donde
viene la felicidad y la infelicidad.

Pero ¿eso es todo lo que hay o es que hay algo más, algo
como una manera particular de pensar —una mentalidad
nueva— que asiente las bases para el bienestar emocional? Si
existiera esa mentalidad, ¿Cuál sería, y qué más deberíamos
descubrir y aprender acerca de esa mentalidad para nuestra
felicidad?

En esta sección, usted tendrá la oportunidad de
profundizar en estos temas, siendo testigo de un cambio de vida
que tuve cuando conducía mi automóvil hace 30 años.

Mirando hacia el pasado, veo que lo que pasó me otorgó
una revelación invaluable: Me di cuenta por primera vez que mi

manera de conducir «asuntos emocionales» era solo una versión de felicidad episódica y situacional. Cualquiera que fuera la fórmula que hiciera a una persona intrínsecamente feliz, si hubiera tal cosa, yo carecía de ello. Este reconocimiento inquietante me llevó a iniciar mi búsqueda de una mentalidad para la felicidad. Espero que al compartir esta experiencia personal, usted también gane reflexiones útiles para su vida privada.

Un día más de trabajo en el año 1978, yo estaba a unos minutos de iniciar mi camino de media hora al trabajo, cuando mis pensamientos tomaron un derrotero que nunca antes habían tomado. Por alguna razón me pregunté cómo me sentía esa mañana. Aparentemente una pregunta benigna, pero no una pregunta que yo comúnmente me hubiera preguntado una mañana camino al trabajo. Era especialmente fuera de lo común porque durante esa etapa de mi vida era un profesional joven dirigiéndome a un trabajo exigente, recientemente había sido nombrado director de investigación: tenía muchas *cosas* en mi mente y *cosas* por hacer. Mi vida estaba llena de metas por alcanzar y reportes que escribir; estaba muy ocupado con muchas *cosas*, no había tiempo para charlar sobre asuntos emocionales. En mi mente, tenía muchas responsabilidades importantes que atender: proyectos que supervisar, asistir a los estudiantes graduados para que estén ocupados, papeles que escribir, y presupuestos que defender. ¿Realmente tenía tiempo para responder esa pregunta?

Afortunadamente, tuve tiempo ese día. Mi diálogo interno era más o menos similar a este:

—¿Cómo te sientes en este momento?

—Bueno, te diré que me siento un poco estresado. Tengo mucho en mi cabeza, se espera mucho de mí en el trabajo y en casa, siento mucha presión.

—Bien, ¿Eso es todo?

—No, yo diría que probablemente no. Creo que a veces me preocupo mucho.

—¿Por qué?

—Muchas *cosas* supongo, mi salud por ejemplo. Mi papá murió de un ataque cardíaco a los 32 años cuando yo tenía solamente 5 años. ¿Voy a morir joven como él? Me preocupan las finanzas, si habrá suficiente dinero para mi familia; me preocupan mis hijos, especialmente su seguridad; me preocupa si estoy a la altura de las expectativas de la gente con respecto a mi trabajo, si soy suficientemente inteligente, si soy lo suficientemente agradable. Estoy preocupado por muchas *cosas*. Mi mamá era una persona muy angustiada, y así lo era su madre, todos se angustiaban mucho. Creo que yo también me angustio como ellos.

—¿Has terminado ya, o hay otros sentimientos que no percibimos aquí?

—Bueno sí, en realidad los hay. Tiendo a enfurecerme mucho. Las cosas me enfurecen fácilmente y cuando pasan, estoy en aprietos. Detesto tener que admitirlo yo mismo, pero probablemente he sido así por mucho tiempo.

—¿Por qué te enojas?

—Mi padrastro por ejemplo, él era intolerante y muy controlador y siempre tuvo un mal carácter. Todo esto me enoja.

—¿Algo más te hace enojar mucho?

—La gente que es mala. Mi hermano mayor, supongo. Realmente me gusta pero me deja solo. No siento que verdaderamente puedo confiar en él para cuidar de mí como un hermano mayor o un buen amigo.

En ese momento, casi no podía creer lo que decía de mí. Aparentemente, la manera como me sentía iba intensificándose, convirtiéndose en algo aún mucho peor de lo que yo había imaginado. Sentía que una marea grande me envolvía. Por un momento, sentía que las cosas eran lo suficientemente buenas, o por lo menos no tan malas; al siguiente minuto pensaba lo opuesto.

Sentía que decía: «¿Será que mi verdadero yo podrá levantarse, por favor?» Desesperado por probar que mi vida no era del todo mala, continúe con mi conversación:

—¿Nunca eres feliz?

Reflexiones en el camino

—Por supuesto que lo soy. Fui feliz cuando me casé, cuando compré la casa, cuando los chicos nacieron, cuando nos fuimos de vacaciones, cuando obtuve mi grado universitario, cuando tuvimos el perro, cuando fui a la fiesta el fin de semana, cada vez que publico un trabajo. Muchas *cosas* me hacen sentir feliz.

Pero también empecé a ver que quizá solo cuando las *cosas*, es decir, estos eventos ocurrían, yo experimentaba felicidad. Empecé a pensar: Quizá la mayor parte de mi felicidad es una felicidad basada en el evento, quizá en realidad yo no soy feliz la mayor parte del tiempo, quizá solo soy feliz las veces que estas *cosas* «buenas» pasan. Todo esto me estaba inquietando. Estaba a media hora de camino en dirección al trabajo y mis preocupaciones se iban apilando rápidamente. Sentí vagamente como si me hundiera, ¿Por qué me había metido en todo esto ahora? Sean cuales fueran las razones, parecía que no podía alejar esos pensamientos que yo había iniciado dentro de mí.

—Quizá era pronto para juzgar. Si tuviera que preguntarme como me siento, no tan solo a través del prisma de esta mañana, de este día, sino mirar mi vida en un marco de tiempo más extenso, quizá entonces, podría decir que soy verdaderamente feliz. Quizá podría decir que el plan de vida que tengo funciona, que después de todo estoy bien.

Trataré de mirar objetivamente con una perspectiva más amplia: Ahora soy un investigador y los investigadores saben tomar muestras para proyectar un panorama más amplio y quizá más puntos de información serían de ayuda. Supongamos que yo me preguntara a mí mismo cómo me sentí hace media hora, hoy, ayer, la semana pasada. ¿Qué encontraría? Esperaría que las cosas se encontraran mucho mejor.

Mi imaginación corría. Me preguntaba cómo me sentía hacia media hora, y luego una hora antes. Después de mucha reflexión, me hallé respondiéndome a mi mismo:

—Probablemente, no me siento tan diferente de como me siento ahora. ¡Oh no, estoy en un problema!

—Bueno entonces, ¿Qué pasó ayer? ¿Esos sentimientos eran cómo los que te preocupan hoy o pudiste sentirte diferente, quizá mejor? Escuchando mi propia cinta de ayer tanto como pude, la respuesta parecía ser la misma: un día diferente pero más o menos los mismos sentimientos.

— ¿Y qué pasaba con el día anterior a ese? Tiene que haber una luz al final del túnel.

—No muy diferente, hasta donde puedo recordar.

—¿Y el día anterior a ese?

—Supongo que lo mismo.

—Esto no se ve bien.

En mi mente, me vi examinando febrilmente un calendario, mirando los días que había vivido recientemente, y buscando los mejores de ellos. No encontré muchos, en su lugar, vi mi mano rompiendo muchos de los papeles, uno a uno, haciendo bolitas de papel y arrojándolas en el cesto de basura más cercano. Estaba estrellándome en la percepción de que la mayoría de los días no fueron del todo felices para mí. ¿Realmente me gustaría vivirlos otra vez si se me diera la oportunidad? No. No serían los días que «quisiera tener otra vez». Traté de dejar de lado la conclusión perturbadora pero inevitable acerca de estos pensamientos: mi vida estaba pasando, pero yo aún no había encontrado la felicidad que pensé que encontraría. Aún estaba esperando ser feliz.

La imagen empeoraba por momentos. Luego confronté un impedimento real. Una desazón se alojaba en mi pecho al momento que mi mente se daba cuenta que yo ya había intentado lo mejor de mí, que yo había jugado mi juego, por así decirlo, y simplemente no había llegado a ninguna parte, no estaba lo suficientemente cerca de tener la vida emocionalmente satisfecha que pensé que tendría. Hice todas las cosas que pensé debería hacer: fui a la universidad, obtuve mis grados universitarios, trabajé duro, me casé, compré una casa en los suburbios, tuve una camioneta, empecé una familia, y estaba realizando mi mejor plan de acción para tener una vida feliz, como pedido a la carta. Sin embargo, a la penumbra de las reflexiones mañaneras vi que mi plan estaba viciado de alguna manera fundamental. Yo había hecho todas «las cosas correctas» de acuerdo con mi plan. Seguramente estaría más feliz por todo lo hecho y la lucha en si. Pero no fue así. Yo había ganado el pedestal de una vida exitosa, pero mi sentido de la felicidad era fugaz. Estaba totalmente fuera del curso en algo; algo absolutamente fundamental. ¿Dónde me había equivocado?

En ese momento, yo me sentía verdaderamente perdido en un desierto estéril, inseguro de a dónde ir, casi desesperado. El sentimiento de naufragio se hacía más abrumador, pero la desesperación algunas veces engendra oportunidades. Al ver cuán equivocado había estado, finalmente me escuché a mí mismo gritando: «ESTÁ BIEN, ¿ENTONCES, QUÉ ES LO QUE UN SER HUMANO NECESITA PARA SER VERDADERAMENTE FELIZ? ¡TENGO QUE DESCUBRIRLO!»

Estaba camino al trabajo pero ahora tenía una misión. Había estado muy perdido en mi vida. Me di cuenta que necesitaba ideas nuevas porque las antiguas no me habían llevado a ningún lugar útil. En mi imaginación, mi mente investigadora me llevó a:

«Quizá necesito realizar un estudio que me ayude a encontrar qué tipo de mentalidad una persona debería tener para alcanzar una felicidad más sostenida. Quizá el estar atrapado en perseguir las circunstancias y *cosas*, que pensé que me harían feliz —como lo he estado haciendo— nunca lo logren. Siguiendo el guión social de "hacer y obtener" mi manera de tener una vida feliz, simplemente parece dirigirme a perseguir la felicidad en vez de realmente tenerla».

Tiene que haber algo mejor. Supongamos que yo fuera a

concentrarme en la mentalidad de un tipo de persona, en aquello que se necesita pensar o no, supongamos que me centre en la mentalidad correcta en vez de poner mucho énfasis en las cosas correctas, eventos y circunstancias. Quizá el ser feliz o infeliz empiece con el concepto de qué es lo que pensamos acerca de las *cosas*.

Luego, me imaginé conduciendo un estudio para examinar la noción de una mentalidad para la felicidad. Tan solo necesitaba encontrar un buen representante de la especie humana y así probar la idea de una mentalidad para la felicidad. Para completar este ejercicio mental, yo pensé en un «sujeto» a quien cariñosamente me referiré como Federico. Decidí que describiría diferentes escenarios a Federico para despertar su pensamiento, con la esperanza de exponer las bases para una mentalidad de felicidad. Esperaba que él me enseñase cuando su manera de pensar le indicaba si algo estaba bien y cuando no, quizá eso me daría una mejor perspectiva.

En este punto, usted podría pensar que yo me inventé todo esto para el libro. Afortunadamente, no lo hice; ese día le di forma a mis pensamientos de una forma más duradera y ahora se lo estoy contando. Algunos pensamientos han sido actualizados y clarificados, pero la esencia de la situación permanece intacta. Conducir por 30 minutos al trabajo puede ser tan largo como para impulsar algunas preguntas importantes. ¡Qué día!

Continuando con el estudio que estaba imaginando, le mencioné a un colega investigador que me asistía, «Miguel, por favor traiga a nuestro sujeto y pídale que se siente» mientras estaba de pie observando, detrás de un espejo unidireccional.

«Bien», por medio de un intercomunicador audible solo para mi asociado dije, «por favor dele al sujeto una calurosa bienvenida. Ayúdele a sentirse aceptado y dígale cuán agradecidos estamos que pueda participar en este estudio importante. Ahora pregúntele cómo se siente».

Mi asociado responde, —Él dice que le gusta sentirse aceptado.

—Bien, está bien. Debería de escribir esto: 'a los sujetos les gusta sentirse aceptados'. ¡No quisiera olvidarlo! —Ahora por favor dígale, que lo elegimos porque pensamos que sería un sujeto notable para este estudio. Déjele saber lo valioso que es, ¿Cómo se siente al respecto?

—Dice que le gusta oír eso.

—Bien, es mejor que escriba esto también: 'le gusta sentirse valorado'. —Ahora veamos, qué dice cuando se siente decepcionado. Miguel, por favor dígale a Federico que habíamos planeado darle una tarjeta de regalo para un restaurante gourmet por $300 por su participación de hoy, pero no lo vamos a hacer porque yo decidí en su lugar, usar el dinero para una fiesta del personal de la oficina. ¿Cómo se siente?

—Dice que se siente mal ahora. Miguel responde: «no le gusta sentirse decepcionado».

—Muy bien. Tengo que anotar esto 'al sujeto no le gusta sentirse decepcionado'. No hay que olvidar esto. Tal vez estamos llegando a algún lado con este hombre. Vamos a halagarlo para ver qué pasa. Dígale que tiene una gran personalidad y un buen bronceado.

—Dice que se siente bien después de escuchar eso.

—Bien, lo tengo, le gustan los cumplidos. ¿Y qué con las preocupaciones? —ciertamente los otros miembros de mi familia consanguínea y yo, éramos expertos en eso—. Veamos, oh sí, pregúntele a nuestro sujeto si ese convertible azul en la esquina de nuestro aparcamiento es el suyo. Dígale que parece que alguien acaba de golpearlo por un lado.

—El sujeto nos dice que está realmente enfadado por su carro ahora y que no le gusta sentirse así de preocupado.

—Bien. Gracias Miguel, 'a nuestro sujeto no le gusta sentirse preocupado'. Rápidamente, tal vez sería mejor decirle algo que lo tranquilice...mm; nos equivocamos, era el carro al lado del suyo.

—Él dice que se siente mucho mejor ahora. Está contento de oír que las cosas están bien.

—¡Escríbelo! 'prefiere sentir que las cosas están bien'.

Ahora digámosle un chiste bueno.

—¡Él se está riendo! Realmente le gustó el chiste.

—Haré otra nota ahora, 'le gusta tener pensamientos graciosos'. ¿Qué pasaría si empezara a pensar que no es lo suficientemente bueno? Sugiérale al sujeto que ahora tenemos algunas dudas acerca de si es él un representante de la especie humana tal como lo esperábamos. Quizá no sea lo suficientemente bueno. ¿Cómo se siente ahora?

— No bien del todo, Roberto. Él está bastante triste ahora.

— Lo entiendo Miguel, será mejor que escriba esto también, 'le desagrada pensar que él no es el adecuado'.

Estaba a punto de llegar a mi trabajo. Miguel me hizo una pregunta acerca del estudio de Federico.

—Correcto, —él dijo— supongo que podemos descubrir a qué gente le gusta sentir lo mismo que a ese hombre, y a quienes no les gusta sentirlo. ¿Y entonces qué? ¿Cómo logramos sentirnos de la manera que deseamos? ¿Cómo podemos lograr sentirnos felices sin tener que cambiar siempre las circunstancias alrededor nuestro? —Oí mi propia respuesta.

—Miguel, un paso a la vez. Quizá primero necesitamos saber de qué manera tenemos que pensar para sentirnos felices. Entonces quizá podamos entender cómo lograr pensar y sentir de esa manera. Creo que tenemos que tomar tan solo un paso a la vez, y ver que podemos hacer.

Luego, ese día camino a casa desde mi trabajo pensé más acerca de mi epifanía. Tal vez necesitaba desarrollar una mentalidad para la felicidad. ¿Qué podía hacer para que Federico se sintiera feliz? Me dediqué a leer en el área de la teoría del auto-dirigirse.

Algunos psicólogos trabajaron mucho en cómo usar los principios de modificación de comportamiento en uno mismo. Por ejemplo, usted puede usar un refuerzo positivo para ayudarse con un plan de dieta o como un premio por hacer ejercicio. ¿Podría yo cambiar mis pensamientos para beneficiar mi bienestar emocional? No creo que la gente que se dirige a si misma, sugiriera este concepto en ese momento, pero pensé que vale la pena probarlo. ¿Qué tendría que perder? Escogí un pensamiento modelo que a «mi sujeto» le gustó —un cumplido— A Federico le gustan los cumplidos.

Me di cuenta que rara vez me digo un cumplido a mi mismo. En realidad era duro conmigo mismo la mayor parte del tiempo. Cuando no me bajaba la moral, esperaba que otros me dieran un cumplido. Algunas veces me hallaba en búsqueda de la gente, esperando tranquilamente que me dieran algo del reconocimiento que yo necesitaba. Carecía de la habilidad de reconocerme a mí mismo, generalmente me apoyaba en los sentimientos de los demás para reconocer mi aprobación y autoestima. A menudo me sentía decepcionando si los otros no me daban un cumplido y me ponía muy sensible cuando eran críticos. Me dije a mí mismo «supongamos que aumento deliberadamente el número de cumplidos que me digo a mí mismo». Calculé que cualquier aumento sería un gran avance. ¿Sería capaz de hacerme sentir mejor, sentirme más feliz? Considerando las malas noticias que tuve más temprano con respecto a estar bien lejos de mis planes de ser feliz, incluso tratar esta idea valdría la pena.

Al principio, era difícil pensar en un buen cumplido que me pudiese decir a mí mismo. Finalmente después de mucha búsqueda, tuve la brillante idea de decirme que tenía un pelo rubio muy bonito. Está bien, sé lo patético que esto suena, pero tenía que hacer algo y esto fue lo mejor que se me ocurrió. Estaba en aguas desconocidas, pero estaba decidido.

Cada día tenía pensamientos de admiración un cierto número de veces, dándome una señal para recordar hacerlo. Fui observando como me sentía y noté que al cambiar mi manera de pensar, creaba un sentimiento positivo. Por supuesto, que aún estaba lejos de crear una nueva mentalidad, pero era el inicio. Me preguntaba qué otras posibilidades podrían estar disponibles con este enfoque.

Muchas otras cosas resultaron. Este no fue el único primer paso que modificase mi propia conducta de felicidad, lo más importante de todo es que fue el primer paso que sentó las bases sobre las cuales vivo ahora y en las que defino mi enfoque psicoterapéutico. Fue también el primer paso entre muchos que han facilitado la conceptualización y escritura de este libro. Para mi es ahora una pasión gratificante de por vida; vivir y enseñar directamente el sistema cognitivo conductual que promueve el cuidado de uno mismo, la felicidad y el bienestar emocional. Ese día de reflexiones en el camino, se convirtió en una modificación permanente de mi vida.

Algunos puntos para recordar

Para adquirir el conocimiento necesario de la felicidad y del bienestar emocional, debemos recibir un cuidado apropiado. Algunas veces, lo que aprendemos va en dirección opuesta a nuestras necesidades de salud emocional y felicidad en vez de que las favorezcan. Frecuentemente nos sentimos tristes, no nos gustamos lo suficiente, a menudo nos preocupamos, y perdemos la capacidad de ser feliz. Cuando esto pasa, el sentirse bien es un reto y la felicidad en el mejor de los casos, es esporádica. Nos confundimos entre estos desafíos, apoyándonos en sustituciones para aumentar nuestro bienestar o aún peor, inesperadamente terminamos sufriendo serios problemas emociónales. Espero que mi historia le indique una mejor dirección—hacia una mentalidad para la felicidad. Como usted verá, aprender este tipo de mentalidad es el camino más fructífero para ser feliz y permanecer bien.

Piense bien, siéntase bien

Guía de estudio de preguntas

1. ¿A qué se refiere una felicidad basada en el evento? ¿Cuál es el problema con este enfoque de felicidad?

2. ¿Qué conexiones a su propia vida, si las hubiera, pudiera usted concluir de la historia de reflexiones en el camino?

3. ¿Por qué no podía confiar en mi forma tradicional de pensar acerca de lo que me hacia feliz?

4. ¿Cuál es el significado que se pretende otorgar con una mentalidad para la felicidad?

5. ¿Qué concluye usted del experimento con Federico?

6

Paso 6: La historia del ciervo rojo

*El amor que no recibimos, debemos aprender a
dárnoslo*

¿Qué pasaría con la pequeña Sara o con cualquiera de
nosotros si se nos hubiese negado la fortuna de haber sido
criados en una familia emocionalmente saludable y cuidadosa?
¿Qué pasaría con nosotros? ¿Qué opciones tendríamos? No
todos de niños, hemos sido bendecidos con una familia estable
en un ambiente amoroso. La historia del ciervo rojo explora esta
pregunta.

Me dirigía a casa desde la oficina hace 15 años,
escuchando al: «Científico de los viernes» en la Radio Nacional
Pública. Dos investigadores estaban discutiendo un patrón de
conducta muy interesante que ellos habían estudiado en los
ciervos rojos. Al observar la manada de ciervos rojos,
descubrieron que estos animales eran «responsables de
decisiones de grupo» es decir, parecía que estaban
acostumbrados a la toma de decisiones grupales, como forma de
determinar si se iban o se quedaban. Cuando varios animales se

paraban pare irse, la manada los seguía, siempre y cuando la mayoría mostrase estar de acuerdo levantándose. De lo contrario seguirían sentados o se volverían a sentar, y la manada no podría ir a ninguna parte. Generalmente, entre el 60 al 70 por ciento de los ciervos necesitarían «levantarse a favor» si la manada quisiera ir a algún lugar. La manada, para bien o para mal, determina su propio destino.

Al reflexionar acerca de este comportamiento, me maravillaba cómo un sistema democrático complicado había emergido como resultado de años de evolución natural en estos ciervos. Comportándose al unísono, en vez de jugar a seguir al líder, la manada intentaba tener una jornada placentera y segura para alimentarse, obtener agua, refugio y continuar sobreviviendo. Sea cual fuese el caso, dado que los ciervos rojos están aún con nosotros, comencé a razonar que ellos deben haber dado en la tecla con respecto a algo.

Aún reflexionando acerca de estos mecanismos adaptativos, mi mente empezó a pensar acerca de la «manada humana». «Nosotros los humanos también somos manadas». Pensé, «no exactamente como los ciervos, pero formamos grupos sociales con la intención de protegernos. Nos agrupábamos en tribus, comunas, familias y otras formas sociales colectivas. Simplemente un experimento evolutivo más de la naturaleza que ayudó a los humanos a llegar de allí hasta aquí». Llegué a una conclusión. Estamos preparados para andar en grupos, posiblemente el agruparnos nos proteja. La familia debería ser nuestra unidad grupal más fundamental. Ciertamente la familia es uno de los recursos más importantes de la naturaleza que nos ayuda a recibir la atención que necesitamos para crecer, sobrevivir y prosperar. Creo que había redescubierto lo obvio, pero también había alcanzado una nueva perspectiva. Terminé de pensar en todo esto, aumenté el volumen de la radio de mi carro y satisfecho con mis reflexiones continué mi camino a casa. Hasta ahí quedé con la teoría de la agrupación humana—o algo así, pensé. Fue probablemente seis o siete semanas después cuando desarrollé un nuevo giro de esta historia. Ese día, estaba hablándole a mi esposa del ciervo rojo, describiéndole casi exactamente las mismas circunstancias como yo se las describí a usted. Pero de repente; y siempre parece que siento una emoción fuerte dentro de mí cuando llego a esta parte narrativa, le dije a mi esposa:

—Dejé mi manada; sentí que tenía que retirarme—. Por supuesto, ella inmediatamente me preguntó de qué rayos estaba hablando. Aparentemente sin darme cuenta, me había puesto a pensar mucho más allá del ciervo rojo, y todo estaba por tener un efecto en mí.

Mis palabras salieron rápidamente:

— Mira, lo que pasó con mi familia. Después de que mi padre murió, éramos solo los tres hijos y mamá. Luego apareció en escena mi padrastro. Él era tan controlador, muchas veces verbalmente abusivo y colérico con nosotros todo el tiempo. El ambiente familiar era extremadamente duro para Bruno (mi

91

hermano mayor) y también para Julieta (mi hermana menor). Mamá trató de defendernos, pero mi padrastro la desgastó con el tiempo. Ella era muy buena con nosotros, pero preocupada y tímida. Parecía que nos tenía que gustar lo que a él le gustaba, ver las cosas como él las veía, no ser nosotros mismos. Bruno, Julieta y yo nos quejábamos uno al otro de nuestro padrastro una y otra vez. Nos sentíamos atrapados en una situación muy toxica sin poder controlarla. Finalmente, cuando me fui de casa para ir a la universidad, aunque lejos de mi familia, empecé a sentirme mejor. El dolor, cólera y tristeza habían disminuido.

— Estaba lejos, pero mis hermanos no. Aun cuando a ellos les disgustaba la situación del hogar, se quedaron cerca. Parecía que se sentirían culpables si lo hubiesen hecho de otra forma. Ellos estuvieron atrapados en su manada o unidad familiar. A veces, mis hermanos decían que yo también debería estar allí, igual que ellos. Me resistí al sentimiento de culpa, el de ellos y el mío tanto como pude. No fue fácil para mí, pero me alejé bastante. Ellos se quedaron con la familia aunque no era saludable, pero en cambio ¡yo me fui!

— Me había ido. Quizá distanciándome de las privaciones del día a día de vivir en casa tendría una mejor oportunidad de lograr algunas cosas. Tomaría tiempo, pero al menos yo podría empezar a mirar mi vida más claramente. No estaría constantemente expuesto a las heridas emocionales. Podría descubrir porqué a veces no estaba muy feliz, y qué podría hacer para resolverlo.

— Estar lejos de mi familia también era difícil y no garantizaba que las cosas fueran a mejorar, pero me dio la oportunidad de ordenar mis ideas. Eventualmente, pude hacer más que eso. Bruno y Julieta se quedaron con la familia. Pienso que por motivos de culpa y necesidad, ellos sintieron que tenían que hacerlo. Pero miren lo que pasó con ellos. Ninguno de ellos tuvo la oportunidad de convertirse en una unidad emocional, en especial Bruno. Él desarrolló un problema de alcoholismo de por vida, tuvo tres matrimonios problemáticos, y vivió en un mundo de narcisismo y compulsión. Nunca fue emocionalmente estable. Julieta manejó las cosas algo mejor, pero ella también cargó las heridas de nuestra niñez, y se debatió entre la depresión y la vulnerabilidad emocional.

Nunca había visto los efectos de nuestras circunstancias familiares tan claramente. El dilema enorme que todos confrontamos: quedarse y arriesgarse a tener el sufrimiento y el confinamiento emocional implícito en el diario vivir en una familia herida; o sino irse. El irse, era perder la esperanza fantasiosa de la atención y apoyo familiar, y enfrentar la culpa y la incertidumbre inherente por haberse ido. ¿Qué debería hacer una persona cuando su grupo familiar está enfermo? Sentí tristeza por ellos y por todos nosotros. Quizá había alguna alternativa mejor, pero no supimos encontrarla.

Para mí, el significado más profundo en la historia del ciervo rojo es ver y enfrentar de alguna manera el dilema, considerar que las opciones que enfrentamos en estas circunstancias pueden ser difíciles tanto como lo es la determinación de la vida. Para sentirnos bien, debemos encontrar el camino por el cual podemos aprender como sentirnos mejor. El camino hacia mi familia estuvo bloqueado. La ayuda que todos necesitábamos no estaba disponible.

Cuando existe voluntad y ayuda disponible o los problemas en la familia no son tan severos, quizá se puedan encontrar mejores soluciones que ayuden a evitar el difícil dilema de quedarse o irse. Muy a menudo, sin embargo, la gente vive en estas situaciones familiares que las pone en trampas emocionales. Quedan atrapados en su propio dolor y resentimiento por la forma en que su familia los ha tratado en los últimos años, o porque tienen la ilusión de que el amor y la atención que no tuvieron y siempre han deseado, surja de alguna manera mágica por cuenta propia, si solo se esfuerzan y esperan un poco más.

Estas trampas impiden que avancemos. Sea cual sea la opción que tomemos en estas circunstancias, aun cuando a veces se puede dejar la unidad familiar, debemos tratar de buscar un camino que nos conduzca hacia el bienestar emocional.

Algunos puntos para recordar

A pesar de que todos nosotros necesitamos recibir la atención adecuada para llegar a ser adultos con una salud física y emocional saludable, no todos fuimos bendecidos con circunstancias familiares que llenen esa necesidad. La mayoría de los padres hacen lo mejor que pueden con lo que saben, pero esto de ninguna manera nos asegura que obtendremos los recursos emocionales que necesitamos para estar bien y llegar a ser adultos felices. Para crecer bien nuestros padres deben cuidarnos bien. Pero también tienen que enseñarnos cómo cuidarnos, para que así aprendamos a prosperar con ellos y por nuestra cuenta. Pero nuestras oportunidades de aprender estas habilidades a través de nuestras familias y cuidadores primarios no son siempre perfectas. Tenemos que tratar de llenar esas imperfecciones.

Guía de estudio de preguntas

1. ¿Cuáles son los riesgos potenciales de permanecer conectados a un grupo familiar que no sea saludable?

2. ¿Cuál es el mayor dilema que enfrentan aquellos que están en una familia disfuncional?

3. ¿Ve usted alguna conexión entre la historia del ciervo rojo y su vida desarrollándose en su grupo familiar? Explique brevemente.

4. Si no recibimos el amor que necesitábamos, ¿qué debemos aprender a hacer?

7

Paso 7: Herramientas para mejorar el pensamiento

Sus pensamientos deberían trabajar para usted;
usted no debería trabajar para ellos

Debido a todo lo que usted ha leído, estoy seguro que ha empezado a apreciar cuán importantes son los patrones de pensamiento para determinar lo que siente y que tan bien se siente. Su pensamiento, especialmente su pensamiento seguro versus su pensamiento inseguro, moldean los sentimientos y emociones que usted experimenta tanto como su estado de ánimo en general. Es particularmente importante saber cómo escoger y cambiar sus pensamientos porque eso lo capacita a movilizar sus sentimientos en la dirección que usted desea que vayan, sin importar lo que haya aprendido a pensar en el pasado. En lugar de estar circunscrito a la situación, ganará control directo sobre su estado de ánimo. En la siguiente sección, usted aprenderá más acerca de las «herramientas» específicas que usted puede usar para aminorar el pensamiento inseguro, incrementando el pensamiento seguro e incrementando su felicidad. Debido a que estas son técnicas poderosas para manejar sus pensamientos y sentimientos, yo le recomendaría memorizarlas antes de continuar con los siguientes pasos.

En este paso, usted aprenderá tres técnicas de manejo del pensamiento que lo ayudarán a reducir el pensamiento inseguro: *detener el pensamiento, cambiar la dirección del pensamiento, y la reestructuración cognitiva.* También aprenderá varias técnicas que podrá usar para aumentar su pensamiento seguro. Estas técnicas son: *notar lo positivo, afirmaciones positivas y almacenamiento.*

Primero revisemos algunas técnicas para combatir pensamientos perturbadores o inseguros. Como usted recordará, el pensamiento inseguro trae ciertos sentimientos perturbadores, sea que estas emociones emanen de pensamientos de miedo, pensamientos de cólera u otro tipo de pensamiento negativo. Estos pensamientos avivan los sentimientos que nos hacen sentir mal y disminuyen nuestra satisfacción emocional. Algunas veces, nosotros justificamos sentir emociones negativas por cierto periodo diciéndonos a nosotros mismos que nuestros sentimientos son «totalmente apropiados a la situación» o «muy naturales», como a menudo ocurre durante el duelo de un ser querido. Sin embargo, si permanecemos en estos estados de pensamiento negativo por mucho tiempo, podemos obstaculizar el reajuste de la situación. La mayoría de las veces no hay razón o beneficio alguno detrás de esta tendencia a los pensamientos inseguros.

Detener el pensamiento

Cuando usted desea deshacerse de los sentimientos perturbadores que sus pensamientos inseguros incitan, una opción es detener ese pensamiento. Si bien, detener es simplemente eso; detener el pensamiento o los pensamientos que usted sabe atraerán sentimientos negativos. Como por ejemplo, Elena se siente preocupada y ansiosa por el hombre agradable que conoció hace dos noches y no sabe si él le llamará otra vez. Ella podría tratar de utilizar la técnica de detener el pensamiento para eliminar su sentimiento de desasosiego. Específicamente, ella podría anular su pensamiento inseguro, decidiéndose a no continuar pensando en sus preocupaciones acerca de esta situación, y por este medio ayudarse a dejar de sentirse preocupada o ansiosa. Todo lo que ella necesita hacer es parar ese pensamiento negativo e inseguro.

Detener el pensamiento inseguro suena muy simple y en realidad lo es. Sin embargo, no les puedo decir cuántas veces he escuchado a la gente decir, «Eso no va a ser fácil para mí». Les recuerdo que la única verdad de esta perspectiva es que si creen que será difícil detener lo que piensan, en realidad *será* difícil. *Quisiera que reflexione sobre este punto importante otra vez: al creer con obstinación en los pensamientos negativos, usted en realidad hace más difícil dejar de tenerlos. Siempre recuerde, ¡lo que usted piensa es lo que obtiene!* El primer paso es que usted decida cuál ha de ser su foco central, ¿usted, o algunos pensamientos derrotistas que interfieren con su estado de felicidad? Si piensa que no puede hacer algo, no lo hará. Si piensa que quizá pueda, quizá lo hará. Si se enseña a pensar que usted puede anular el pensamiento inseguro, entonces eso es lo que usted podrá hacer.

La importancia de saber que somos nosotros los que supuestamente estamos a cargo de nuestro propio pensamiento, fue un comentario resumido con inteligencia por una cliente de ocho años con quien tuve el placer de trabajar. Su padre había venido con ella un día, deseando saber qué es lo que habíamos trabajado porque había observado una notable mejoría en la niña. Le respondí mencionando algunas de las metas del tratamiento en las que ella y yo habíamos estado trabajando juntos.

Cuando estaba por concluir, la pequeña niña nos dijo, «Dr. Roberto, creo que hay una cosa muy importante que usted se olvidó mencionar». Yo le pregunté qué era. Ella contestó, «Usted olvidó decir a mi padre que mis pensamientos trabajan para mi; en cambio yo no trabajo para ellos». Su entendimiento agudo nos dejó a ambos prácticamente sin palabras. Tal como lo demostró al reformular elegantemente mis sugerencias. Ella comprendía esta idea cabalmente. Entendió que debería ser ella la que estuviera a cargo de sus pensamientos, y no a la inversa. Su comprensión y uso de este conocimiento es la razón principal de su progreso en la terapia y su éxito reforzó mi optimismo de que todos nosotros somos capaces de dominar nuestro pensamiento también. ¡Dígale adiós a sus pensamientos inseguros!

El detener su pensamiento es una herramienta extremadamente útil para manejar sus emociones. ***Por favor, trate de practicar esta técnica ahora. Practique provocando un pensamiento inseguro, un pensamiento de preocupación por ejemplo. Ahora frene ese pensamiento, deténgalo, y repita este ejercicio de provocar y detener la secuencia varias veces más, de este modo usted se acostumbrará a hacerlo.*** Conforme usted haga esto, reforzará su capacidad de pensar, parar y controlar sus sentimientos negativos.

Debido a que el pensamiento inseguro es a menudo poco productivo, con un patrón de conducta que desgasta la energía e impide una salida positiva en la vida y disminuye la salud emocional y el bienestar, es esencial ponerle frenos a este pensamiento lo más rápido posible. Tal como aprendimos en el paso 3, los pensamientos inseguros son una señal para la acción, no un estado para quedarse en él. Una de las razones por las cuales, la gente se deja atraer por muchos pensamientos inseguros, productores de drama, es que creen que lo que piensan es necesariamente verdadero. Algo está mal, así que deben sentirse mal. Por ejemplo, el lava platos paró de funcionar y nosotros *deberíamos* de estar enojados o fastidiados por lo que pasó, o tenemos una cita con el doctor y *deberíamos* sentirnos preocupados por eso. Una manera más práctica y mucho menos inquietante de mirar estos eventos es pensar, «Yo podría incomodarme ante esta situación, pero elijo no hacerlo. La razón por la cual voy a evitar pensar de forma insegura es porque no deseo empeorar estas situaciones, al pensar pobre y negativamente en ellas. No importa qué, ninguna de estas situaciones serán tan malas si decido parar de pensar mal acerca de ellas». Como le digo a mis clientes: «la mayoría de las peores experiencias de mi vida en realidad nunca pasaron; tan solo ocurrieron en algún lugar entre mi oreja derecha e izquierda».

Incluso si se le sugiere mirar sus problemas de esta manera, puede que usted se diga a si mismo, «suena bien, pero simplemente no puedo pensar de otra manera». Pero sí, usted puede. Para ayudarse a si mismo, piense de esta manera: Si le pidiera meter la mano en una olla de agua hirviendo, estoy seguro que usted pensaría, «absolutamente no». La razón es clara, usted percibiría correctamente que «nunca haría eso, porque verdaderamente le haría daño». ¡Y tiene toda la razón! Por la misma razón, cuando usted innecesariamente se permite permanecer en un estado de pensamiento inseguro, también se involucra en una conducta que es dañina. Usted se está haciendo daño con sus propios pensamientos inseguros. El principal punto es este: Aun cuando hay muchas razones y excusas que nos damos a nosotros mismos para continuar con pensamientos inseguros, hay *muy pocas* razones para hacerlo.

Al mirar su pensamiento inseguro desde esta perspectiva, usted tendrá la motivación correcta para detenerlo.

Cambiar de pensamiento

Otra técnica del manejo del pensamiento, de alguna manera relacionada a la detención del pensamiento, es conocida como «cambio de pensamiento». Con la detención del pensamiento se pretende orientar los mismos lejos de cualquier tema angustioso para llevarlos hacia un pensamiento más seguro —¡no a otro perturbador!— El propósito detrás del cambio de pensamiento es darle a su mente algo más en que enfocarse, algo nuevo y beneficioso. Por ejemplo, si Eduardo se preocupa por no ser lo suficientemente alto, él podría decidir hacer un cambio de pensamiento o algo más, como pensar qué tan bien luce su corte de pelo. Mediante el cambio de pensamiento, Eduardo deja de pensar negativamente en algo que no puede cambiar, y elije pensar en algo mejor, en este caso, algo sobre lo que sí tiene control. Aunque Eduardo no puede hacer nada con respecto a su altura, seguramente se siente mejor. El cambio de pensamiento es una herramienta que permite restringir el pensamiento inseguro, y que encuentra algo más positivo en que concentrarse. Acuérdese de pensar, «Este pensamiento negativo me está arrastrando e hiriendo. ¿Por qué me hago daño? Para mí no es bueno hacer esto. Voy a parar ahora. En su lugar, voy a pensar en algo que hacer y lo haré pronto».

Reestructuración cognitiva

Algunas veces nos hallamos atrapados en pensamientos inseguros, que generan miseria a pesar de nuestros mejores esfuerzos para alejarlos. Se siente como que «simplemente no podemos hacer nada al respecto». El pensamiento negativo aparece en forma continua sin que se pueda hacer nada para alejarlo. Las ideas malas parecen ganar y cobran vida propia. Necesitamos algo más fuerte para deshacernos de los pensamientos negativos, algo así como un detergente casero que nos ayude a eliminar para siempre el pensamiento negativo persistente. Bueno, hay también un elemento para este tipo de trabajo. Se llama reestructuración cognitiva.

Inicialmente popularizada por Albert Ellis (1975), la reestructuración cognitiva es una herramienta de cambio de pensamiento que es especialmente buena para deshacernos de pensamientos y creencias obstinados, perturbadores, e irracionales. El termino de Ellis de «creencia irracional» es similar al «pensamiento inseguro», se refiere al pensamiento que sirve de poco o ningún propósito; pensamientos de formas injustificables que simplemente nos hacen sentir mal. Para emplear la reestructuración cognitiva usted primero analiza el pensamiento perturbador que le causa sentirse mal. Usted disputa la validez de ese pensamiento, se convence a si mismo de que ver las formas irracionales de enfocar las cosas, es algo erróneo e innecesario que le causa un gran desasosiego. Luego, cambia o reestructura este pensamiento hacia un punto de vista más racional que ya no incorpora estos elementos perturbadores.

Para ver como puede aplicarse la reestructuración, revisemos un ejemplo. Esteban ha decidido tomar un curso universitario de estadísticas (pobre Esteban). Luego de obtener un puntaje de 74 en su primer examen, él empieza a desanimarse, piensa por qué decidió ir a la universidad en primer lugar. Él me dice que en verdad estudió mucho para el examen y que trató lo mejor que pudo, pero obtener «ese puntaje terrible» lo hizo sentir como un «perdedor». Aun cuando él habitualmente ha obtenido buenos puntajes en otros cursos y siempre respondió bien en la escuela, ha empezado a perder motivación para estudiar. El hecho de que las notas de Esteban en estadística lo llevaran a pensar que era «un perdedor» indica que él está dejándose atrapar por algunos pensamientos inseguros, autodestructivos con respecto a su rendimiento en la clase de estadística. Esteban necesita ver que pensar de esa manera, es decir, desanimarse irracionalmente y llamarse un perdedor, está perturbándolo innecesariamente y está debilitando su motivación para estudiar.

Para volver a la pista correcta, Esteban necesita cambiar su pensamiento negativo y obviar los pensamientos que lo catalogan como un perdedor y que lo animan a rendirse. Él debe reestructurar su pensamiento de modo que no tenga ideas perturbadoras ni fatalistas, recordarse a sí mismo que su calificación en estadística es solo un pequeño paso hacia atrás, pero que ciertamente no es el final del mundo o una razón para rendirse. Él también necesita decirse a sí mismo que es un estudiante muy consciente y bueno, que nunca debería pensar de sí mismo como un perdedor por que haya tenido un obstáculo en su rendimiento. Incluso si se presentara la instancia improbable de que no le fuera bien en el curso de estadística, él podría tomar otro curso o presentarse en otro lugar, pero bajo ninguna circunstancia sería bueno que se viera como un perdedor. Al usar esta aproximación de reestructuración cognitiva, Esteban puede desmantelar su pensamiento negativo y reemplazarlo con pensamientos más constructivos, y así mejorar su estado de ánimo y su habilidad de avanzar de nuevo con su trabajo universitario.

Así como estas herramientas de cambio de pensamiento, pueden ayudarle a deshacerse de pensamientos negativos e inseguros, hay otras que pueden ayudarle a aumentar su pensamiento seguro y positivo. Recuerde el tema que se analizó anteriormente: el reducir la perturbación emocional, por si sola, no produce niveles altos de bienestar emocional. Para elevar su salud y felicidad al máximo, también tenemos que alentar y sostener pensamientos seguros. Sostener estos pensamientos resultará en una mejoría de su estado de ánimo ¡y no se requiere de medicación! La calidad emocional de cada momento de su vida está determinada en gran medida por aquello que usted está pensando en ese momento. Cuando se trata de su bienestar emocional, una parte importante es mantener sus pensamientos seguros a lo largo de esos momentos. En el material presentado a continuación, usted descubrirá técnicas que lo ayudarán a hacerlo.

Notar lo positivo

Me refiero a una buena estrategia para aumentar sus sentimientos positivos y ánimo. Tal como el nombre implica, notar lo positivo es enfocarse en los aspectos positivos de su mundo. Cuando usa esta técnica, usted alimenta su mente con información que es emocionalmente edificante. Una manera de hacer esto es mirar alrededor, en su entorno para admirar varios aspectos de él, por ejemplo, su lindo gato que está descansando al pie de la ventana, o el aroma suculento del guiso que se cuece en la cocina, la fantasía de la reflexión de la luna en un copo fresco de nieve, lo bien que luce su suéter nuevo, o que acogedor es para usted el olor de las galletas de chocolate recién horneadas en casa. Todas estas observaciones edificadoras del ánimo, son gratuitas y hay millones más. Todos y cada uno de estos pensamientos sirven para profundizar su satisfacción del momento. Por supuesto, darle una mirada a su entorno es solo una forma de darse ideas que lo ayuden a atraer pensamientos positivos. Usted también puede estimular su pensamiento seguro a través de la reflexión y meditación, guiando sus pensamientos a áreas positivas. Usted aprenderá más de esto cuando entremos al tema de almacenamiento.

Para beneficiarse con la técnica de notar lo positivo,

usted simplemente tiene que mantenerse atento a notar cosas en una forma que lo ayude a generar pensamientos edificadores del ánimo. De otra forma, podría desviarse fácilmente hacia otro problema, algo que todos tendemos a hacer. Tendemos a notar todo aquello que está equivocado, roto, mal hecho, o problemático de una manera inquietante que genera sentimientos de incomodidad y malestar. El notar lo positivo le da un alivio agradable al no tener la atención centrada en el problema que fácilmente se manifiesta en el estrés de la vida moderna. Ahora por favor, tómese un momento para notar positivamente algo. ¿Qué es lo que le gusta ver, oír u oler? Disfrútelo, y note cómo esto le hace sentir. Esfuércese por notar algo positivo que usted hace a lo largo de todos y cada uno de los días.

Afirmaciones positivas

Las afirmaciones positivas también generan el pensamiento seguro. Las afirmaciones son ideas positivas y creencias que usted puede crear y utilizar para fomentar la confianza personal, seguridad, autoestima, y relajación tanto como otros estados psicológicos importantes. Como tal, cuando usted avala y usa estas ideas, cuenta con otra estrategia excelente para impulsar su ánimo y aumentar su bienestar emocional. Al incluir estas afirmaciones en sus pensamientos, usted incrementa su habilidad de sentirse y actuar en formas que son beneficiosas para usted. Por ejemplo, al animarse a comprometerse en afirmaciones como «soy un buen presentador» usted se puede ayudar a sentirse más cómodo al hablar frente a grupos y esto hará que se sienta mejor al hacerlo. Decirse a usted mismo, «yo me esfuerzo para ser una buena persona» no solamente le ayudará a sentirse mejor acerca de si mismo, también le ayudará a actuar de esa forma. Las buenas ideas y creencias son el manantial de buenos sentimientos y comportamientos. El remplazar los sentimientos propios de duda como «no me gusta como me veo» por uno positivo como, «me siento bien como me veo», o aún mejor, «me gusta como me veo», es aplicar en forma directa una afirmación positiva, que nos ayudará a sentirnos mejor.

Sin embargo, hay casos en los que hay que ser precavidos. Por ejemplo, si alguien le dice a una persona de una manera optimista, que se ve bien cuando está seriamente obesa con su salud comprometida y su vida en riesgo debido a su problema de peso. Este individuo estaría abusando peligrosamente del propósito de esta estrategia. Usted no desea usar estas afirmaciones positivas para evadir la realidad. Usted desea utilizarlas para ayudarse a sentir mejor y luchar mejor con la realidad. Además, pensar con más confianza arrasa con las dudas de uno y nos ayuda a sentirnos mejor y ser más seguros.

¿Cómo podrían estas afirmaciones positivas ayudar a reforzar su bienestar?

Pare y pregúntese a si mismo si usted ve un área

problemática y particular en su pensamiento que tiende a disminuir sus sentimientos de bienestar. Escriba una afirmación que mejorará su pensamiento en esta área. Una vez decida la afirmación nueva, practique esta nueva forma de pensamiento diariamente hasta que sea parte de su sistema de creencias. Ah sí, una cosa más, afirme que su salud emocional y felicidad son importantes para usted y continúe leyendo este libro para probarlo.

Almacenamiento

La siguiente herramienta del pensamiento seguro que desearía que usted aprenda a usar es el denominado almacenamiento. La esencia del almacenamiento es edificar un inventario de buenas ideas y pensamientos seguros. Es más fácil crear un buen plato cuando se tiene todos los ingredientes precisos, y también es más fácil tener buen ánimo cuando usted tiene los pensamientos seguros que necesita. En esta instancia, al almacenar sus pensamientos favoritos, usted puede construir un inventario excelente de ideas que engendrarán sentimientos positivos y bienestar cada vez que usted se concentre en ellos. Dese cuenta que usted no necesariamente tiene que ir a ningún lugar, conseguir algo, o hacer algo para engendrar un ánimo positivo. Lo que tiene que hacer es pensar en cosas de tal forma que promuevan su felicidad y contentamiento.

Al almacenar sus pensamientos favoritos provenientes de

sus memorias y experiencias, de momentos entrañables, de su imaginación y fantasías, usted puede darse un amplio suministro de buenos ingredientes de pensamientos seguros y felicidad personal. Usted puede comprar una blusa nueva para sentirse bien, pero también puede pensar y sentirse bien de la que usted está usando, o de una que le encantaba usar, o de otra que usted podría comprar y usar algún día. Es bueno tener muchas opciones además de tener siempre algo que hacer para mantenerse feliz. Recuerde, no fue eso que hizo, lo que logró que usted fuera feliz en primer lugar, sino que, fue lo que usted pensó de eso, que hizo que se sintiera feliz. Por eso, cree su propio almacén de buenos pensamientos, añada pensamientos a su inventario, y use ese tesoro todos los días.

Cuando lea el paso 9 y 10, aprenderá algunas técnicas adicionales muy poderosas de cambio de pensamiento que podrá usar para edificar el pensamiento fundamental y las creencias que son esenciales para que su bienestar emocional dure más. Yo llamo a estas piezas «el plan de los seis pasos». Este plan de seis pasos le dará guías sistemáticas, paso a paso para reestructurar algunas partes importantes de su pensamiento a través del uso de «cogniciones correctivas». Estos planes de seis pasos son «herramientas poderosas» que fortalecen su forma de pensar para bien de la autoestima, felicidad y bienestar.

Debido a que muchas intenciones de cambio de conducta y mejoramiento propio fallan a menudo, como las resoluciones de Año Nuevo, necesitamos usar métodos confiables claros, sistemáticos, planes de acción factibles que nos ayuden a llevar a cabo estas intenciones. Al incorporar pasos conductuales claros y específicos que promuevan el camino correcto a seguir para lograr el cambio, estos planes de los seis pasos ofrecen métodos confiables para asegurar el mejoramiento propio. Al aprenderlos y usarlos no solamente se sentirá más confiado en su habilidad para cambiar su pensamiento y conducta, sino que también le ayudará a mejorar sus posibilidades de éxito al hacer importantes cambios conductuales que lo conducen a mejoras en su bienestar.

Es muy importante saber acerca de estas herramientas, pero yo no quisiera que usted se quede solo ahí. «saber» significa «hacerlo aquí». Usted ganará los beneficios de su felicidad personal cuando en realidad usted empiece a *hacer* lo que usted está aprendiendo; empezando a usar estas herramientas en forma regular para fomentar su pensamiento seguro. ¡Empiece a usar estas herramientas ahora!

Algunos puntos para recordar

Cambiar su pensamiento no es tan difícil, especialmente si no piensa que lo será. Al saber cómo cambiar su pensamiento, usted estará dándose el poder para controlar más directamente su ánimo y felicidad. Las aplicaciones son herramientas excelentes que lo ayudarán a reducir su pensamiento negativo e incrementar su pensamiento positivo. Al elegir usar regularmente estas herramientas de cambio de pensamiento, usted estará tomando un gran paso adelante hacia la edificación de una mentalidad para un *usted* más feliz y emocionalmente saludable.

Guía de estudio de preguntas

1. Nombre tres técnicas para reducir el pensamiento inseguro.

2. ¿De qué manera el detenimiento del pensamiento y el cambio del pensamiento son lo mismo? ¿En qué se diferencian?

3. Dé dos ejemplos de *notar lo positivo.*

4. Explique la idea de fondo del concepto de almacenamiento. ¿Cómo piensa utilizar esta técnica?

5. ¿Por qué es tan importante para usted saber y utilizar estas aplicaciones?

6. Elabore un plan de cambio del patrón de pensamiento negativo que usted tiene para usar la reestructuración cognitiva.

8

Paso 8: El Ejercicio del amigo ideal

Cuando los otros nos dan su atención, tenemos bienestar por ese día; cuando aprendemos a darnos atención, tenemos bienestar por siempre

Ahora usted está listo para dirigirse a la premisa principal de este libro: cómo crear una mentalidad para tener una felicidad duradera y bienestar emocional. En este capítulo, usted aprenderá un modelo de pensamiento que facilita la atención y el tipo de mente adecuada para una felicidad intrínseca. Se le presentará este modelo por medio del *Ejercicio del amigo ideal*. La discusión que sigue al ejercicio explicará por qué la atención que nosotros imaginamos a través del ejercicio del amigo imaginario es universalmente importante para nosotros en un sentido emocional, y por qué al desarrollar una mentalidad de prestarse atención, que esté arraigada profundamente en estos ideales, nos otorga una estrategia de gran alcance para nuestro bienestar emocional y bienestar.

En el paso 9, «Creando una mentalidad para el bienestar

emocional», usted aprenderá cómo y dónde puede cambiar y reestructurar su pensamiento, para guiar su mente hacia los principios que mejor promuevan y sostengan su bienestar emocional. Usted podrá usar el plan de los seis pasos para asegurarse tener la motivación adecuada para cuidarse y obtener su felicidad personal. Usted también encontrará una serie de atajos que lo harán desarrollar una mentalidad nueva de una manera más fácil.

En el paso 10, usted tendrá la oportunidad de trabajar en el fortalecimiento de los hábitos emocionales específicos que forman las bases de su mentalidad para el bienestar, usando más allá de los seis pasos de técnicas de cambio conductual. Después de completar este material, usted tendrá el conocimiento esencial, motivación, y herramientas emocionales —el aprendizaje emocional esencial— para mantener un estado mental más alegre.

El ejercicio del amigo ideal

El conocimiento y entendimiento emocional que usted ya ha ganado a través de los argumentos presentados en los capítulos previos, le da una buena base para que completemos juntos estos últimos pasos importantes de nuestra travesía. Usted sabe por ejemplo, que sus sentimientos provienen de sus pensamientos mas no así de las cosas externas a usted (paso 1). Usted también sabe que los pensamientos en los cuales usted se sumerge (Seguros versus/ Inseguros) tienen una influencia clave para determinar si sus sentimientos y estados de ánimo son positivos o negativos. Luego, usted descubrió que la naturaleza lo ha provisto con un sistema de señales emocionales que lo ayudan a mantener su bienestar físico y emocional. Gracias a la pequeña Sara, usted pudo ver como cuidar de ella la mantenía bien y, lo más importante, es que usted fuera consciente de que la mejor forma de tratarla es también la mejor forma de tratarse a si mismo. En el paso reflexiones en el camino, descubrió cómo una persona (seguro que yo) se dio cuenta que la felicidad puede ser intermitente y estar más lejos de lo que uno se imagina, si solo se persigue hacer las cosas bien. En el paso reflexiones en el camino, conoció a Federico. Él nos mostró que ciertas formas de pensar son más conducentes a la salud emocional y la felicidad, que otras. Usted fue testigo de como los sentimientos de Federico, fueron encaminándolo positivamente y lo llevaron a pensar en forma provechosa. A través de la historia del Ciervo Rojo, pudimos aprender que si el entorno familiar propicia circunstancias desfavorables emocionalmente, será difícil que obtengamos el cuidado o la contención necesarios. Nuestra capacidad para cuidarnos se verá comprometida y nuestras necesidades para encontrar el bienestar emocional serán más urgentes y difíciles. Debemos encontrar, por nosotros mismos, otras formas para corregir las imperfecciones de la naturaleza. Finalmente, usted adquirió algunas herramientas de cambio de pensamiento para ayudarle directamente a cambiar y mejorar como se siente y piensa.

117

Ahora, usted está listo para tomar los pasos más importantes y finales para lograr una felicidad y bienestar más duraderos para usted mismo; pasos que lo ayudarán a crear una mentalidad para la felicidad. Usted empezará con El Ejercicio del Amigo Ideal.[7]

El ejercicio del amigo ideal es una técnica cognitiva conductual que diseñé para poder ayudarle a edificar una mentalidad sólida para la felicidad y bienestar. Empecé usando estas técnicas hace muchos años como una forma de ayudar a mis clientes a que aprendieran como cambiar sus patrones de pensamiento es, a formas más positivas de pensar. Durante el curso de mi trabajo, llegué a convencerme de que la salud mental y el bienestar mejoran ampliamente cuando se le enseña a la gente como reestructurar su forma de pensar, para que los tipos de pensamiento de cuidado y emocionalmente beneficiosos lo guíen. Enseñar a la gente a sentirse bien parecía ser más gratificante que tan solo ayudarles a reducir sus síntomas y reducir su malestar. Esto se convirtió en el foco de mi trabajo terapéutico.

El material que usted está leyendo en este libro se alinea muy de cerca con los objetivos de la Psicología Positiva, la cual considera la felicidad humana y el bienestar su foco central. El Movimiento de la Psicología Positiva, liderado por el trabajo de

---

[7] Quisiera otorgar mi reconocimiento al trabajo de Louis Proto (1993) quien sembró la idea de ser uno mismo su mejor amigo, lo cual inspiró a que yo desarrollara este ejercicio.

Martin Seligman de la Universidad de Pennsylvania, se ha expandido rápidamente durante la última década (Seligman, 2002; Snyder & Lopez, 2002). La creciente decepción con las fijaciones tradicionales de enfermedad mental y perturbación psicológica, ayudaron al nacimiento de una tendencia proactiva. Teorías más recientes sugieren que la ciencia psicológica necesita ir en una dirección que promueva mejores respuestas para elevar la calidad de la experiencia humana y aumente el bienestar emocional. El Movimiento de Psicología Positiva ha traído el tema de la felicidad y bienestar a la palestra y estableció que su estudio era valioso y necesario.

El modelo de aprendizaje que usted asimilará está fuertemente arraigado en los conceptos y principios de la Terapia Cognitiva Conductual. Como tal, se basa fuertemente en la Teoría Cognitiva Conductual y la investigación que hace hincapié en la importancia de los pensamientos y las creencias como las claves determinantes de los sentimientos y acciones de los humanos. A lo largo de varias décadas, la investigación y la práctica en el campo de la Terapia Cognitiva Conductual ha resultado en una amplia acumulación de conocimiento psicológico y en la promulgación de técnicas muy nuevas y efectivas para tratar una amplia gama de problemas de salud mental. Si bien este trabajo ha revolucionado la naturaleza y el alcance de los servicios de intervención psicológica, mucho de esto ha quedado con el enfoque limitado de eliminar síntomas y conductas asociadas al malestar emocional. El desarrollo bien definido de formulaciones cognitivo conductuales que ayuden a la gente a elevar su felicidad y salud emocional aún está muy relegado.

A través del ejercicio del amigo ideal, se le presentará un modelo cognitivo conductual que le ayudará a reconocer y entender las creencias más importantes para el bienestar emocional. Al centrarse en los aspectos positivos de la salud mental y bienestar en lugar de los síntomas perturbadores, este modelo se concentra en el propósito del cambio psicológico por medio del aprendizaje de cómo pensar y sentirse bien en vez de reducir los signos de perturbación mental a través del manejo de los síntomas. El ejercicio del amigo ideal clarifica y define el modo de pensar que lo ayudará a crear y mantener emociones positivas que son esenciales para una buena salud mental y una felicidad duradera. Al trabajar el ejercicio del amigo ideal ahora, usted estará en el proceso de crear su modo de pensar.

Empecemos este ejercicio con un paso muy importante: pregúntese a si mismo acerca de las características de un amigo ideal. Por supuesto, yo podría darle mi opinión al respecto, pero el hacerlo no sería útil para usted. Es importante que piense en esta idea primero para que su pensamiento pueda estar más en contacto con el tema. En su mente, ¿cuáles son las características más importantes o cualidades de un amigo ideal? Fíjese que no solo estoy preguntándole las características o cualidades de un buen amigo. Desearía que usted tenga expectativas altas, realmente tan altas como pueda. Imagínese al mejor amigo que usted pueda tener, el amigo ideal.

Ejercicio del amigo ideal

Para darle un ejemplo, una característica que su amigo podría poseer es la lealtad. «Alguien divertido con quien estar» podría ser otra cualidad que podría tener su amigo ideal. Mientras piensa en estas características, haga una lista en la sección de notas en la parte posterior de este libro. No importa si este amigo ideal es una persona de carne y hueso. Sin embargo, si tiene alguien en mente que posea muchas de esas cualidades, usted puede usar esa persona como un punto de referencia para desarrollar sus ideas. Lo que más importa es que su lista contenga todas las cualidades que usted considera realmente importantes para ser el amigo ideal.

Muchas de estas características pueden ser escritas en una palabra o en una frase corta. Evite usar oraciones compuestas o párrafos al escribir las características. Deben ser ideas simples y claras, separadas unas de otras, ya que esto facilitará la tarea de revisarlas luego. Escriba cada característica, creando una lista con viñetas.

¿Cuántas características debe tener la lista? Esto puede variar, pero entre 15 a 20 debería ser suficiente porque estas cualidades deberían ser amplias y generales. De treinta a más, empieza a ser demasiado. Usted puede seleccionar una característica que desearía en ese amigo ideal o características que no le gustarían en ese amigo ideal. Si fuera posible, trate de expresar la característica como una rasgo positivo. Por ejemplo, «mi amigo ideal es 'honesto' en contraposición a 'no es un mentiroso'».

Por favor empiece ahora a trabajar en la lista de su amigo ideal, usando las páginas para anotaciones en la parte posterior del libro. No se preocupe si su lista es «correcta» o no. Su trabajo ahora es profundizar en usted mismo y decidir qué es lo mejor, es decir, lo mejor en términos de cómo debería ser tratado usted o cómo debería usted tratar a los demás. **Importante: No se salte esta parte del ejercicio o lea en forma adelantada antes de completar su lista del amigo ideal.**

Una vez que usted haya completado su lista y sienta que no hay nada más que desee agregar, deberá comparar su lista con la lista que yo presento en la parte posterior del libro (ver página 234). Obtuve esta lista a través de las muchas otras que he recibido de mis clientes con el paso de los años. Al comparar su lista con esa, hágalo con cuidado para poder notar cuales son las características que concuerdan o son similares a las que yo he proporcionado. ¿El modelo del amigo ideal contiene otras características importantes que ahora usted podría añadir a su lista para completarla mejor? Si es así añádalas a su lista ahora. A medida que compare su lista con la del modelo, también decida si hay algo que le gustaría modificar o eliminar para que satisfaga totalmente su definición de un amigo ideal. Una vez que haya completado este paso de revisión y edición, usted tendrá un buen borrador de la lista de su amigo ideal. Como regla de oro, para probar que tan completa es la lista del amigo ideal, pregúntese a si mismo si pudiera imaginarse viviendo una vida feliz y emocionalmente satisfecha y completa, sin experimentar otra vez uno o más de estos elementos (como lealtad, diversión, o quizá paciencia). Si no puede, asegúrese de incluirlos por favor.

Al tomarse su tiempo para completar esta parte del ejercicio, usted ha podido examinarse seriamente en aspectos que los seres humanos empezamos a creer que son necesidades fundamentales para cada uno y para nosotros mismo. Es posible que antes usted nunca haya tenido la oportunidad de pensar en este tema tan profundamente; discernir qué es realmente lo mejor para alguien más y que es lo mejor para usted, qué necesitan ellos y qué necesita usted de una manera integral. Ahora lo ha hecho, y lo sabe.

Por supuesto que aún es posible que usted haya dejado de lado algo en su lista del amigo ideal. Si es así, puede añadirlo luego. Recuerde estas características son ideas. Son herramientas para optimizar su ánimo y ajuste emocional. Tal como sucede con cualquier herramienta, debería buscar las ideas que mejor funcionan para usted, y deshacerse de las que no. Piense cuidadosamente en las que conservaría, no solo usted se apodera de estos pensamientos, estos pensamientos influenciarán y controlarán su pensamiento. Editar y refinar como usted piensa es altamente importante y adaptativo, es un proceso de toda una vida que con el tiempo puede fortalecer su felicidad personal.

Discusión y significado de la lista del amigo ideal

Ahora que ha examinado cuidadosamente la pregunta de qué es lo que constituye un amigo ideal, es hora de analizar el significado más profundo y los propósitos que este ejercicio intenta revelar. Usted se podría sorprender de lo que descubriremos aquí. Cuando empecemos la discusión, hágame el favor de tener su lista frente a usted. Ahora revisaremos cinco temas principales de esta discusión.

Tema uno – Algunas revelaciones acerca del ejercicio del amigo ideal

Usted tiene un buen sentido acerca de la esencia de la naturaleza humana Después de haber hecho este ejercicio cientos de veces, me llama la atención, que tan bien mis clientes son capaces de mantenerse en contacto con la esencia de la naturaleza humana. Permítame explicarle. Para responder la pregunta, qué es un amigo ideal, debemos examinarnos a nosotros mismos. Debemos entrar en contacto con la idea de quiénes somos y qué necesitamos; debemos entrar en contacto con el concepto, qué somos nosotros, y qué es lo que necesitamos. Para decidir qué es un amigo ideal, o qué debería ser, necesitamos saber quiénes somos y de lo qué somos capaces. Al examinar estos ejercicios del amigo ideal, siempre me impresiona su profundidad. El contenido es siempre genuino e íntimamente reflexivo acerca de la condición humana, tan consciente y verdadero de como necesitamos y deseamos ser tratados y tratar a otros. Por esta razón, a menudo me digo, «tu lista me dice que tienes un buen sentido de la esencia de la naturaleza humana». En ese sentido, como quisiera que usted estuviera sentado al lado mío. Estoy seguro que le estaría diciendo esto ahora mismo.

La lista del amigo ideal muestra acuerdos contundentes No ceso de sorprenderme sobre cuán similares son los ejercicios del amigo ideal de una persona a otra. Casi podría decir, «si ha visto una, usted las ha visto todas». Una y otra vez, las mismas cualidades aparecen en estas listas. A menudo, se usan las mismas palabras o frases. Algunas listas han sido tan parecidas que me he puesto a pensar «¿Pudo copiar esta persona la lista de alguien más?» En broma, me he preguntado, «¿Ustedes están confabulando uno junto al otro en el aparcamiento?» Ciertamente sé que nosotros, los seres humanos, a menudo tenemos problemas para ponernos de acuerdo unos con otros en muchas cosas, pero cuando se trata del amigo ideal, parece que no tenemos problemas en absoluto. Parecería que todos estamos de acuerdo.[8] Esta verdad, puesta en números, es consoladora, y es la razón principal por la que

---

[8] ¿Cómo se podría comparar nuestra perspectiva del amigo ideal con las de otras personas provenientes de culturas diferentes? El aspecto cultural puede implicar ciertas diferencias, sin embargo, considero que podríamos hallar un acuerdo sustancial entre culturas con respecto al amigo ideal dada la naturaleza universal de las necesidades humanas. La realización de ejercicios culturales con el tema del Ejercicio del Amigo Ideal podría traer nuevas luces.

me siento seguro de contar con esta información.

El ejercicio parece revelar una verdad universal acerca de nosotros Sabiendo lo difícil que puede ser a veces decidir la dirección correcta de nuestras vidas me siento animado por lo que veo aquí. Cuando le pregunto a la gente qué necesita, sus respuestas son diferentes unas de otras, tengo docenas de respuestas diferentes, incluyendo muchos «no sé» y «no estoy seguro». Damos por sentado que todos somos diferentes de alguna manera, pero si todos fuéramos tan diferentes en lo esencial, el determinar la dirección correcta de nuestras emociones sería como apuntar a un blanco móvil vagamente definido. ¡Buena suerte con el tiro! Felizmente, la información que recolectamos aquí nos muestra definitivamente que cuando se nos hace la pregunta correcta, somos capaces de ver lo que los seres humanos necesitamos emocionalmente. Es importante destacar que hay universalidad aquí; en el fondo, todos compartimos las mismas necesidades emocionales y deseos. Recuerde esto siempre.

A medida que avanzamos en nuestra búsqueda de las respuestas importantes de nuestra felicidad, es alentador darse cuenta que no tenemos que reinventar la rueda. No tenemos que pasar nuestras vidas apuntando inciertamente a un objetivo de mercurio a medida que buscamos estas respuestas. Mejor dicho, parece que todos tenemos esta brújula interna señalando hacia un destino emocional común que cada uno de nosotros idealmente quisiera alcanzar. La belleza del ejercicio del amigo ideal es que nos permite ver lo que más necesitamos. Emerge un claro sentido por avanzar rumbo al norte de la verdad. Dado que muchos de nosotros apuntamos a la misma dirección donde la verdad descansa, me inclino a pensar que estamos llegando a un punto invariante y universal con respecto a nosotros mismos. Examinados a través del prisma del ejercicio del amigo ideal somos capaces de ver las cosas fundamentales que todos necesitamos; que traen el estado de bienestar que todos anhelamos tener.

Confíe en su sabiduría implícita Estoy muy impresionado por las respuestas tan apropiadas de mis clientes en relación al amigo ideal que muy a menudo les pregunto bromeando «Caramba, ¿Hizo este ejercicio antes?» Por supuesto que sé que casi ninguno de ellos lo ha hecho, por lo menos no de una manera formal, pero quisiera que vea algo. Quisiera que usted vea que la sabiduría implícita que tiene acerca de lo más significativo en su vida; que lea que los ideales que puso en su lista reflejan esta sabiduría esencial. No salieron de mí, salieron de usted. Esta sabiduría es suya. Al hacer este ejercicio usted se ha permitido que esta sabiduría implícita, sea explicita. Confié en esta sabiduría, es su sabiduría, yo confío en ella.

Sabiduría de una importancia profunda Yo creo en las cualidades que usted anotó en la lista de su amigo ideal, las cualidades que busca de un amigo ideal expresan la sabiduría de una importancia profunda. Permítame repetir, sabiduría de importancia profunda. No menciono esta aserción

127

informalmente, y usted podría estar preguntándose si soy sincero. Lo soy. Deseo que usted vea que aquello que siente que es verdadero sobre nuestra naturaleza humana, es verdadero y enormemente importante. En la siguiente sección de la discusión, exploraremos el significado profundo y la importancia de su sabiduría implícita.

Tema dos – El plan maestro: Seis significados importantes de la lista del amigo ideal

A medida que le explico los significados importantes de la lista del amigo ideal, me gustaría que se imagine viviendo en un mundo donde todos los ideales expresados acerca del amigo ideal, fueran los que usted pudiera experimentar cada día: aceptación, diversión, apoyo, cuidado, sensación profunda de ser apreciado, confianza, alguien que está ahí cuando usted lo necesita, perdón, paciencia, comprensión, hacer cosas que le interesan, amor, respeto, etc. —todas las cosas que anhelamos. Continúe imaginando esta escena en su mente y mientras percibe como se sentiría, examinemos algunos de los significados importantes de la lista del amigo ideal.

Un plan maestro para el amor El significado del amor puede ser una pendiente resbaladiza. La gente parece pensar, usar y actuar en relación a esta palabra en una miríada de formas. Si tuviera que extraer su significado real de la cultura popular, seguramente me sentiría perdido. Pero el ejercicio del amigo ideal provee una excelente prescripción para el cumplimiento de los significados más importantes del amor. Para ponerlo de una manera simple, tratar a alguien de una manera consistente con la lista del amigo ideal, parece transmitir en la acción lo que es el verdadero amor, ya sea que estemos hablando de amor romántico, amor maternal, amor parental, amor fraternal, o lo que sea. La lista del amigo ofrece una definición de como amar que parece prácticamente imposible de mejorar. La lista del amigo ideal paga con dividendos atractivos. Pero espere ver el resto.

El plan maestro para el cuidado Puesto de una manera simple, ¿Puede usted pensar en una mejor lista de ingredientes que nutra o cuide de un ser humano, que aquellos indicados en su lista del amigo ideal? Cuando reflexiono sobre esto, parece que provee todos los ingredientes correctos. No sé que más añadiría. Cuando revisemos nuestras vidas como amigos, amantes, padres y más, sería bueno mantener claramente en nuestra mente este plan maestro de como cuidar de otros. No necesitamos mirar más allá. Seremos conscientes de como otorgar cuidado.

El plan maestro para la autoestima Este es otro significado importante que la lista del amigo ideal brinda. De uso común, el significado de estima no está del todo claro. ¿Realmente entendemos qué significa? ¿Entendemos estima lo suficientemente bien como para ser capaces de explicar a otro cómo obtenerla, mostrarla, sentirla o vivirla? ¿Cómo podemos enseñar qué es la autoestima si no estamos seguros de lo qué es, o cómo tenerla? La noción vacua de que la autoestima significa «sentirse bien acerca de uno mismo», simplemente da por sentada la pregunta; no la responde. Una vez más, el ejercicio del amigo ideal provee una respuesta importante. Al definir qué es en realidad la estima, en un sentido actuante, en acciones que muestran estima, se capturan los pensamientos y conductas que transmiten estima de una forma significativa. Nos muestra las cualidades reales del pensamiento y la acción que nos hacen sentir estimados. Dado que la estima es una preocupación clave para muchos, el saber qué significa realmente es algo que vale la pena.

El plan maestro para la seguridad emocional Me doy cuenta que al decir que la lista del amigo ideal es casi un plan maestro perfecto para crear la seguridad emocional, estoy haciendo otra gran afirmación. Pero también sé que puedo respaldarla. Piense esto conmigo: cuando por ejemplo, un niño ha sido criado con estos ideales de ser cuidado, ¿no se sentiría ese niño más seguro? Cuando a usted lo tratan de esa manera, ¿no se siente usted emocionalmente más seguro? Los elementos que implican cuidar de otros de la lista del amigo son también las raíces de nuestra seguridad emocional. Considerando cuán importante es la seguridad emocional para nosotros, realmente necesitamos entender cómo obtenerla. Reflexione sobre los elementos de la lista del amigo ideal. Al saciar plenamente las necesidades emocionales principales, todas y cada una de ellas contribuyen de alguna manera u otra a nuestra seguridad. Cada ideal fortalece un estado de bienestar definido como un estado de seguridad. Pero hay aún más. Desearía señalar otros dos beneficios de gran importancia que el ejercicio del amigo ideal nos ofrece.

El plan maestro para la felicidad Quizá estoy guardando uno de los mejores significados para el último. Mi trabajo con el ejercicio del amigo ideal me ha convencido de que esto también nos da el plan maestro para una felicidad genuina. Una vez más, me gustaría que se imagine un mundo donde todos los ideales que indicó en esa lista, fueran los que usted experimentaría plenamente. ¿No se sentiría feliz, verdaderamente feliz? No es ese tipo de felicidad intermitente que tenemos cuando tenemos las cosas o las hacemos (recuerde el paso reflexiones en el camino), sino una clase de felicidad más intrínseca y genuina. Una felicidad que realmente no se puede comprar en una tienda o mantener después de tomar sus vacaciones. Cuando dependemos excesivamente de estas cosas efervescentes para la felicidad nos sentimos atrapados en una máquina caminadora donde tenemos que seguir logrando más de esas cosas, o prontamente se evapora nuestra felicidad. Cuando descubrimos cómo experimentar todas las cualidades que fomentan el cuidado, que despliega nuestro amigo ideal, hallamos el camino a la felicidad. Hay un significado extremadamente importante que a continuación exploraremos.

El plan maestro para el bienestar emocional Yo deseaba guardar lo mejor para el final. ¿Puede usted imaginar un mejor plan maestro para el bienestar emocional que el enriquecido con todos los ideales que fomentan el cuidado, el cual hemos atribuido a nuestro amigo ideal? Yo no puedo. De las investigaciones hechas con hedónicos, una rama de la psicología que se ocupa de los estados placenteros y desagradables de la conciencia, sabemos que incluso una gran fortuna, fama, o ganar la lotería produce solamente un sostén temporal de la felicidad. Sus efectos son solo situacionales y efímeros. Contar con ellos para nuestra felicidad y salud mental es como jugar a la lotería emocional. Las probabilidades son escasas y los beneficios son pasajeros.

Con la lista del amigo ideal, tenemos un plan maestro para el bienestar que está intrínsecamente basado en nuestras necesidades emocionales y realidades. Contiene las experiencias reales que emocionalmente anhelamos. Escrito desde el fondo de nuestros corazones, la veracidad de sus valores emocionalmente inspiradores y fomentadores de cuidado son aparentes para nosotros. Es totalmente auténtico. Eso lo hace efectivamente un buen plan maestro. Las preguntas sin resolver son, «¿Puede perdurar el bienestar? ¿Podemos lograr que nuestra felicidad y bienestar sean intrínsecos y duraderos, o debemos por siempre permanecer en la máquina caminadora emocional, jugando a la lotería emocional durante la persecución de las esperanzas ilusorias de la consecución de estos ideales?» La respuesta es sí, podemos lograr una felicidad duradera, y al hacerlo, nos podemos liberar del hechizo emocional sustituto que es innecesariamente exhaustivo, arriesgado y en última instancia fútil.

Tema tres – La Paradoja de algunas veces

Después de leer todas estas grandes promesas que acabo de hacer, no me sorprendería que esté pensando que el buen doctor suena más y más como un soñador total. Mientras examino este ejercicio mis clientes ciertamente me han preguntado, «¿Dónde encuentro este amigo ideal que usted describe? Los amigos perfectos no existen en mi mundo». Esta es una pregunta razonable. Sin embargo, ellos no se dan cuenta que realmente están presentando mi punto por mí. Rara vez encontramos todas estas características en una persona. Quizá pudiéramos experimentar más de esta dicha codiciada y contentamiento que anhelamos si el mundo que nos rodea con amigos casi perfectos, familiares, y amantes que no tienen nada mejor que hacer que estar a nuestro lado, cuidaran de nosotros cada momento. Pero en el mundo real nosotros sabemos que esto nunca pasa. A lo sumo tenemos el apoyo y compañía de buenos amigos, familiares y amantes solo parte del tiempo. Pero hay un gran problema con el *algunas veces*.

El problema con algunas veces es que algunas veces amamos y algunas veces no. Algunas veces somos estimados y algunas veces no. Algunas veces nos sentiremos seguros y algunas veces no. Y algunas veces tendremos bienestar y algunas veces no. Con estas fluctuaciones, nuestras esperanzas

133

para una felicidad más duradera se van directamente por la ventana. Y si el «algunas veces» no pasa a menudo, podemos caer en problemas emocionales reales. Explicaré más acerca de los problemas emocionales que se desarrollan por fomentar un cuidado inconsistente en el tema cuatro que sigue.

Si usted lo piensa, todos los ideales que albergan el cuidado de la lista del amigo ideal son necesarios e importantes para el bienestar, no tan solo algo importante sino ¡totalmente! Para empezar, es por esa razón que todos esos elementos fueron puestos en su lista. En el momento en que uno de estos elementos falta las cosas comienzan a salir mal. Por ejemplo, si usted no tiene a alguien allí cuando necesita apoyo, el bienestar empieza a disiparse. Si usted no se siente aceptado o valorado, o siente que puede confiar en alguien, o que hay alguien allí para escucharle, o alguien que se preocupe por usted; la felicidad se transforma en preocupación y algunas veces en perturbación. Recuerde lo que está en juego aquí: nuestra felicidad, nuestra seguridad y nuestro bienestar, asuntos de gran importancia para nosotros. Tenerlos solamente algún tiempo no es suficiente. Lamentablemente, muchos de nosotros creemos que esta es la realidad y que esta inconsistencia es todo lo que esperamos de nuestro mundo imperfecto. Nos conformamos con una felicidad disminuida y esto es creado por una creencia inexacta y limitada por nosotros mismos.

Piense en las cualidades de atención y cuidado en la lista del amigo ideal como eslabones en una «cadena de cuidado» :

134

cada eslabón en una cadena debe ser firme para que la cadena sea una pieza entera. Si algún eslabón se rompe, la cadena vital de cuidado se rompe. En realidad, nuestro bienestar emocional se sostiene solo cuando esta cadena permanece completa e irrompible. Pero muchos de nosotros vivimos en un mundo donde la cadena de cuidado es débil, incompleta, o está rota, y nuestro bienestar se encuentra fluctuante y comprometido. Necesitamos un estado mental saludable que perdure, pero si algunas veces solo recibimos el cuidado que necesitamos para sostenerla, no seremos capaces de sostener el bienestar. Para mucha gente, la idea de una felicidad duradera parece paradójica: ¿Cómo se puede tener una felicidad duradera si solo algunas veces se ejerce el cuidado que trae felicidad? Eso es estar atrapado en lo que llamo la «paradoja de algunas veces». Cuando usted lea la discusión sobre el proverbio chino, encontrará una estrategia excelente para resolver esta paradoja aparente.

Tema cuatro – Algunos signos que revelan que la cadena de cuidado está débil o rota

Hay una conexión directa entre nuestros niveles de cuidado y nuestro estado de bienestar emocional. Si nuestra vida llega a alcanzar un nivel de estrés de ligero a moderado, nuestra cadena de cuidado estará relativamente intacta, podríamos quizá experimentar sentimientos ligeros de estrés tales como: irritabilidad, fastidio, preocupación, mal humor o nada en absoluto. En general nuestro nivel de bienestar permanecerá bastante alto. Sin embargo, si la cadena de cuidado llegara a estar más comprometida, los factores estresantes de la vida tendrían un mayor impacto emocional en nosotros. Nuestro bienestar se disiparía y mostraríamos ciertos signos y síntomas reveladores señalando que nuestra capacidad para cuidarnos es insuficiente. Cuando no somos capaces de darnos a nosotros mismos el apoyo emocional de recuperación que necesitamos, algunos de los signos reveladores de problemas, o quizá todos, se harán presentes:

Baja autoestima Una persona que dice tener dudas acerca de si le gusta o no a la gente, o que tiene problemas con su autoestima, es posible que experimente dificultades en sus relaciones y se preocupe porque estas fuentes de atención y apoyo puedan estar en riesgo. Tiene incertidumbre acerca de la estima externa e interna, lo cual ofrece claras indicaciones de problemas con la cadena de cuidado.

Ansiedad La ansiedad es otro síntoma revelador, pero ¿por qué? La ansiedad viene de la incertidumbre con respecto a preocupaciones importantes. A medida que aumenta la incertidumbre y es mucho lo que está en riesgo, la ansiedad también crece. Cuando la cadena de cuidado es incierta los recursos más importantes para saciar nuestras necesidades de amor, seguridad y bienestar emocional están en duda. Los elementos esenciales para la ansiedad están en juego y los signos reveladores de la ansiedad aparecen.

Depresión Supongamos que nos sentimos seguros de las amenazas a nuestro bienestar. Sentimos que el canal de cuidado está permanentemente bloqueado a medida que somos cada vez más negativos con respecto a nuestra vida y del futuro. Quizá hayamos llegado a la conclusión de que no somos lo suficientemente buenos y nunca lo seremos. O quizá pensamos que en realidad nunca hemos conocido la verdadera felicidad y nunca lo haremos, y nos preguntamos «¿Cuál es el punto en sí de todo esto?» Muy a menudo estos son los pensamientos que la gente deprimida tiene. A medida que estamos más seguros de que el canal a la felicidad está permanentemente cerrado, los signos reveladores de la depresión emergen. Los pensamientos negativos pueden empeorarlo, se fusionan en un sentimiento general de que «todo está mal,» o que «ya nada importa». La depresión es un signo revelador de que la cadena de cuidado no está funcionando como es debido.

Compulsión y adicción Del mismo modo, con la intención de hallar alivio emocional, optamos por conductas compulsivas, tales como beber, trabajar y comer demasiado o revisiones ritualistas, limpiar, ordenar, acaparar y lavarse las manos son en sí, sustitutos problemáticos por no saber cómo cuidarnos, calmarnos correctamente y apaciguar nuestro pensamiento ansioso. Cuando vemos signos de adicción o conductas compulsivas, también se tienen problemas de cuidado. Cuando carecemos de esta clase de cuidado que necesitamos para tener bienestar, nos sentimos necesitados a nivel emocional. Para lidiar con eso nosotros podemos buscar otras alternativas que nos hagan sentir mejor o prevenir el sentirnos mal. Algunas actividades que nos pueden ayudar a sentirnos mejor son pasear, leer o trabajar en el jardín. Otras conductas que pueden ser problemáticas tales como dependencia excesiva por comer, ir de compras, alcohol o trabajar para sentirnos mejor pueden llevarnos a una compulsión y adicción. Estos problemas de conducta nos dicen que la cadena de cuidado se ha roto.

Tema cinco – El proverbio chino

Existe un antiguo proverbio chino del fundador Taoísta Lao Tzu, que sugiere un mejor camino para resolver la paradoja de «algunas veces». Usted puede ya estar familiarizado con este proverbio: «Dele a un hombre un pescado y usted lo alimentará por un día. Enséñele a pescar y él comerá el resto de su vida». Este proverbio llega a la esencia de lo que debemos hacer para resolver la paradoja de algunas veces y experimentar un bienestar duradero.

Si nosotros nos fiamos del mundo alrededor nuestro para que cuiden de nosotros, seremos «alimentados por un día». Nos sentimos felices cuando aquellos a nuestro alrededor nos cuidan pero dependemos mucho de ellos. Cuando dependemos de los que nos rodean para nuestra comodidad emocional, nuestro bienestar experimenta altibajos dependiendo de lo que ellos hagan por nosotros. Nuestra felicidad es situacional e intermitente, la base de nuestra seguridad emocional es inestable. Nuestra incapacidad para cuidarnos y ser autosuficientes nos lleva a una dependencia repetitiva con el mundo que nos rodea para satisfacer el hambre emocional que traemos dentro. La felicidad duradera está fuera de nuestro alcance.

Para disfrutar de nuestra propia felicidad y bienestar duradero necesitamos saber cómo «alimentarnos de por vida». Debemos aprender a confiar más en nosotros mismos para cuidar de nuestras necesidades emocionales y ser responsables por nuestra felicidad. Debemos completar la cadena de nutrición desde nuestro interior, dándonos la capacidad para ser nuestro propio mejor amigo. Cuando obtenemos esta capacidad creamos la mentalidad para una felicidad duradera y un bienestar dentro de nosotros. Ya no tenemos que andar por la vida sintiéndonos sobrecargados en el juego de no ganar la lotería emocional.

Algunos puntos para recordar

Su ejercicio del amigo ideal es su lista de deseos acerca de cómo le gustaría ser tratado y cómo le gustaría tratar a otros. Usted tiene esta sabiduría importante acerca de lo que es emocionalmente mejor para usted. Su lista contiene los elementos de cuidado que forman una cadena de cuidado. Juntos le dan un plan maestro para la estima, seguridad, felicidad, bienestar y más. Al desarrollar una mentalidad de autocuidado que sea guiada por estos elementos, usted estará dando a su vida una alegría duradera y salud emocional.

Guía de estudio de preguntas

1. El ejercicio del amigo ideal provee un plan maestro para la estima. ¿Qué otros planes maestros emocionalmente importantes ofrece?

2. ¿Por qué debería pensar en su lista del amigo ideal como una «cadena de cuidado»?

3. ¿Cuáles son los cuatro «signos reveladores» que usualmente indican que la cadena de cuidado está dañada o rota?

4. ¿Cómo se aplica el proverbio de Lao Tzu al tema de cuidarse?

5. ¿Por qué son los elementos del ejercicio del amigo ideal tan importantes para su felicidad y salud emocional?

6. Explique el significado de la «paradoja de algunas veces».

7. Parece que estamos de acuerdo en lo que realmente significa un amigo ideal. Explique por qué.

9

Paso 9: Crear una mentalidad para el bienestar emocional

Amarse a sí mismo no es ser egoísta; es esencial para una felicidad verdadera y una salud emocional sana

Su lista ideal (y la lista modelo del amigo ideal de la página 234) contiene las actitudes y conductas esenciales para su cuidado y bienestar. Cuando uno regularmente se otorga atención de esta manera, llega a ser muy cuidadoso consigo mismo. A través del compromiso de darse estos recursos emocionales esenciales todos y cada uno de los días, usted hace que su paz y felicidad sean más profundas y continuas. Cuando usted necesita aceptación, usted está ahí para ofrecérsela; si usted desea perdón, usted encuentra una manera de otorgárselo. Usted está resuelto a estar ahí por usted, no algunas veces, sino siempre; a ser gentil con usted, a ser de ayuda y apoyo, ser positivo y más. En conjunto todas estas acciones son vistas como valores definitivos en su relación con usted mismo, y con otros. Viva integrando los ideales facultativos y sanadores de su lista, y vivirá con una mentalidad de salud emocional y felicidad.

Pero primero, me gustaría que determine qué tan cuidadoso y responsablemente amoroso es usted consigo mismo. ¿Se trata a usted mismo como lo haría con su mejor amigo? Pregúntese cuán diligentemente hace cada una de las cosas de la lista *para usted mismo*. **Califíquese ahora en cada elemento de la lista del amigo ideal**. Esta evaluación le dará una imagen más clara de las bases para cuidar de si mismo.

Para completar estas calificaciones, por favor use el siguiente sistema de puntaje para cada ítem: Dese un cinco si el ítem es algo que hace para *usted mismo* (no para alguien más) «siempre y casi siempre». Por ejemplo, si usted considera que siempre, o casi siempre es paciente con usted mismo, califíquese con un cinco. Si el ítem consiste en algo que usted hace para usted mismo «la mayor parte del tiempo o mucho,» califíquese con un cuatro. Por ejemplo, «Usualmente me cuido a mi mismo,» o «Yo confió en mí (fiable) la mayor parte del tiempo,» obtendría una calificación de cuatro. Si el ítem es algo que usted siente que hace «algunas veces o un poco,» califíquelo como tres. Si el ítem es algo que usted hace raras veces o muy poco para usted mismo, califíquelo con dos. Por ejemplo «raramente me valoro con profundidad a mí mismo,» o «me valoro muy poco,» obtendría una calificación de dos. Si su respuesta es «nunca o casi nunca» a un ítem particular que tenga que ver con usted mismo, por ejemplo si usted nunca o casi nunca se apoya a si mismo, califíquelo con un uno. Si usted considera que su calificación cae entre dos números, es decir entre el dos y el tres, usted puede usar un punto decimal para asignar un puntaje que esta entre los números enteros como 1.5, 2.5, etc.

A medida que complete sus calificaciones, por favor recuerde que usted está calificando qué tan bien hace estas cosas para usted, ¡no para otros! Le sugiero que tenga este detalle en cuenta porque le gente tiende a pensar en el *cuidado* en términos de su conducta hacia otros. A menudo olvidan que deben calificar cómo cuidan de sí mismos y en su lugar empiezan a calificarse en relación a cómo tratan a otros. **Por favor use la lista del amigo ideal en la página 234, o la lista que usted preparó, para completar sus calificaciones ahora.** Una vez que haya completado sus calificaciones, usted podrá identificar en la lista las conductas que usted realiza muy bien y las otras que necesita fortalecer. Usted tendrá la oportunidad de trabajar en las que necesitan mejoría, más adelante.

Frecuentemente, las calificaciones que yo veo en la lista del amigo ideal se acumulan en el centro de la escala. Se ven muchos dos y tres, quizá pocos unos y cuatros y muy pocos cincos, si hubiera alguno. Los individuos con estos perfiles, tienen habilidades para cuidar de sí mismos, pero estas necesitan mejorar. Tal vez necesiten aprender a tener una mayor aceptación o paciencia. Quizá admitan que son «muy duros con ellos mismos» y necesiten trabajar en ser menos exigentes y más indulgentes.

Algunos individuos, por otro lado, responden «raramente» o «nunca» a la mayoría de los ítems de su lista del amigo ideal. El aprendizaje emocional necesario para el autocuidado de estos individuos está terriblemente afectado. Debido a su falta de cuidado, usualmente muestran algunos signos reveladores de perturbación emocional tales como depresión, cuestiones de autoestima, etc.

Si examinamos nuestras historias, usualmente podemos identificar algunas de las razones por las que no llegamos a cuidar de nosotros mismos. Algunas veces la explicación es muy obvia; hubo negligencia de los padres o abuso, o mucho control externo. Algunas veces las razones son más sutiles, como el estar atrapado en una cultura familiar de perfeccionismo, estar sumamente preocupados de lo que los demás piensen, o aprender a evitar los conflictos emocionales dentro de la familia, a expensas de expresar nuestros verdaderos sentimientos. O acaso nuestra incapacidad para cuidarnos se deba a la causa más prevalente: simplemente no se nos enseñó cómo hacerlo bien.

Muchos padres no saben cuidarse porque, como muchos de nosotros, nunca aprendieron cómo hacerlo. No es que nuestros padres no querían enseñarnos cómo cuidar de nosotros si hubieran podido hacerlo, simplemente ellos no podían enseñarnos cómo hacer algo si nunca lo aprendieron por si mismos. De niños, ¿cómo podíamos aprender lo que no se nos enseñó? Lamentablemente, a menudo no podíamos. Igualmente problemático es el hecho de que la educación formal ha hecho muy poco para hacer frente estas deficiencias de aprendizaje emocional en la gente con la que vengo trabajando hace varios años. No es de extrañar que muchos de nosotros breguemos con necesidades emocionales y una búsqueda infructuosa para el bienestar.

Independientemente de las razones que hayan restringido el aprendizaje emocional en su vida, no hay excusa, para no adquirirlo ahora. Usted puede tener algunas dudas al respecto: la gente frecuentemente expresa dudas al principio, tales como, «Tengo la sensación que hacer esto será verdaderamente difícil para mí». Si tiene dudas, recuérdese a si mismo que el obtener este conocimiento ahora, será más fácil de lo que usted piensa y mucho más fácil aún que continuar camino abajo en el camino de la vida sin él.

El aprender a cuidarse no es solo una cuestión de ir directo al punto, es el tipo de aprendizaje, que en realidad le hace sentir mejor en la medida que avanza. En este sentido, aprender a cuidarse será más fácil que quedarse en un camino lleno de baches emocionales. Pero la verdadera prueba de que cuidar de uno mismo es algo que puede aprenderse fácilmente, viene directamente de ver a mis clientes, uno tras otro y semana a semana, dominando estas habilidades con relativa facilidad. Así como avanzan, sus dudas desaparecen y dan paso a un mayor cuidado de si y sus signos reveladores y síntomas son remplazados por una mejoría notable por como se sienten emocionalmente. ¡Estoy seguro de que esto también pasará con usted!

A pesar de estas palabras de aliento, el proceso de aprendizaje para tratarse como un amigo ideal desde diferentes perspectivas, podría parecer abrumador. Así mismo, el pensamiento de llegar a ser eficientes en cada una de estas conductas de cuidar de uno mismo, podría desalentarlo. Pero la buena noticia es que: ¡usted no tendrá que aprender cada cualidad por separado! Es posible que necesite fortalecer algunas de estas cualidades pero estoy seguro de que verá una mejoría significativa en muchas, sino en todas, estas conductas de autocuidado sin tener que trabajar específicamente en todas y cada una de ellas. Para ser claros, no comercializo una versión moderna de alquimia donde mágicamente convertimos el plomo en oro. Por el contrario, da la casualidad que hay un *atajo* directo para cuidar de sí y el bienestar que acelerará su viaje. Antes de tomar este atajo, quisiera que analicemos las razones que hacen que este atajo sea posible y el *punto ciego emocional* que no permite a muchos ver este camino a cuidar de sí y tener y bienestar.

Tener la motivación correcta para un bienestar intrínseco

Como puede ver, al cuidar de nosotros, somos el amigo ideal para nosotros mismos, podemos darnos los recursos emocionales que necesitamos para una felicidad duradera y un bienestar intrínseco. ¿Entonces, por qué no hacerlo? ¿Qué nos detiene para tratarnos a nosotros mismos como decimos que nos gustaría ser tratados por un amigo ideal? Para avanzar, primero necesitamos ver que nos ataja.

Tratemos de analizar esta pregunta desde la siguiente perspectiva: supongamos que yo le alcanzara un billete de veinte dólares y le pidiera que me de en cambio tres billetes de diez dólares. A no ser que tuviera un mal día con las matemáticas o se estuviera sintiendo excepcionalmente generoso, yo creo que usted declinaría la propuesta. ¿Por qué la declinaría? Porque vería que no vale la pena para usted. Comúnmente, damos lo que creemos es su valor, no más. El valor determina su valía. Cuando le damos valor a algo, estamos dispuestos a dar algo por ello. Es muy natural que cuanto más valoremos algo, más estamos dispuestos a dar, y más nos esforzaremos por querer y cuidar de ello. Cuando se trata de nosotros, se aplica la misma regla. Nosotros solo nos damos lo que pensamos es nuestro valor en si. Para cuidarnos bien, debemos fomentar nuestro valor ¡debemos aprender a valorar y amarnos a nosotros mismos!

Usted recordará que uno de los elementos en la lista del amigo ideal es que *nosotros valoramos profundamente* a nuestro amigo ideal tanto como él *nos valora profundamente*. Este elemento, resulta ser en realidad la piedra angular para el bienestar emocional. Es solo cuando nos valoramos y amamos profundamente que verdaderamente deseamos cuidarnos como lo haríamos con un amigo ideal. Si hemos aprendido verdaderamente a estimar y valorar quienes somos, el acto de cuidar de nosotros mismos es algo normal y correcto y queremos hacerlo de la mejor forma posible; no hacerlo se siente negligente, sino abusivo. Tenemos el deseo natural y la motivación de cuidar de nosotros mismos con una actitud dedicada y consistente, de la misma forma que cuidaríamos de la pequeña Sara.

Cuando no nos valoramos lo suficiente, la motivación esencial para cuidarnos está ausente y no nos sentimos en condiciones de brindarnos lo que necesitamos. Nos hallaremos circunscritos a la situación y nuestra felicidad generalmente estará confinada a lo azaroso de la lotería emocional. En el mejor de los casos el bienestar emocional será algo que viene y se va. Es posible que tengamos uno o más signos reveladores de que nuestra cadena de cuidado está dañada con ansiedad o conducta adictiva. En consecuencia, seremos más necesitados y dependientes. Necesitaremos a otra gente y otras cosas para darnos lo que no nos damos a nosotros mismos.

Mi frase favorita en relación a este asunto es, «Por favor ámeme, porque yo no sé cómo amarme» El amor se convierte en una necesidad. «Te amo» realmente puede significar «Yo necesito que me ames». El punto final es que debe aprender cómo valorar profundamente quien es usted, porque esto le da una motivación críticamente importante para cuidarse correctamente y promover su salud emocional y felicidad. ¡Tiene que estar ahí para usted!

Felizmente hay un atajo para llegar a ser más cuidadoso de sí mismo. El atajo consiste en darse cuenta que usted ya sabe expresar muchas de las cualidades de la lista de nuestro amigo ideal. Ya tiene experiencia siendo un buen amigo, cuidando de otros. Si usted es como la mayoría, de todas formas, está más acostumbrado a ser un buen amigo de otros, más que de si mismo. Sus esfuerzos de cuidar posiblemente vayan más hacia el exterior que a su propio interior. El equilibrio otorga la respuesta. Usted debe valorarse tanto como lo haría con otros a quienes usted aprecia. Una vez que este equilibrio se haya corregido, usted verá que darse a si mismo este cuidado que necesita, fluye muy fácilmente porque ya practicó estos hábitos usándolos para el bienestar de otros. Ese conocimiento interno de como ser el amigo ideal de otros le facilita este paso.

¿Por qué a menudo perdemos este atajo? Para poder utilizar la lista del amigo ideal en nosotros mismos, tenemos que valorarnos e interesarnos lo suficiente para cuidar de nosotros, y aquí es donde el punto ciego juega su rol. He pedido a mis clientes que me digan por que no eran más cuidadosos con ellos mismos en el pasado. Algunos simplemente no lo sabían o decían que nunca aprendieron como serlo. Pero muchos dijeron que se sentirían «egoístas» o «egotistas» si se amasen a sí mismos o se tratasen a sí mismos de una manera tan especial y cariñosa. Este pensamiento es una de las razones para el punto ciego. Parece que muchos de nosotros aprendimos que está bien nutrir y amar a otros pero es egoísta nutrirse y amarse a uno mismo. Cuando aprendemos a pensar que amarnos a nosotros tiene una implicación egoísta, carecemos de la motivación para cuidarnos y acabamos necesitando a otras personas y cosas para que cuiden de nosotros. Miramos hacia afuera, en vez de adentro. Dado que a menudo se nos cría con ideas que promueven el punto ciego, no sorprende que muchos de nosotros estemos emocionalmente necesitados y que sea difícil ver el camino al bienestar emocional.

Ahora, examine sus calificaciones de la lista del amigo ideal. ¿Cuánto cuida de usted? ¿De quién ha sido el trabajo de cuidarlo, suyo o de otros? ¿Qué calificación se dio usted en «¿valoro profundamente quién soy?» ¿Ve usted una correlación entre la calificación de cuánto se valora usted y otras calificaciones? Muy probablemente habrá una. Muy a menudo la gente se califica «me valoro profundamente» en el nivel dos o tres, y muchas de sus calificaciones con respecto a otros elementos se agrupan en torno a este puntaje. Su habilidad para cuidarse puede estar obstaculizada. Fíjese si una baja autovaloración le ha impedido tratarse de la manera que desearía que otros lo hagan con usted, generalmente este es el caso. Si lo ha sido, una baja autovaloración es un problema que usted puede eliminar, permitiéndose avanzar. Examinaremos este tema luego.

Mirar el camino ideal para lograr un bienestar intrínseco

El bienestar emocional intrínseco ocurre naturalmente cuando se sigue óptimamente una secuencia de eventos: La secuencia empieza durante nuestra infancia, al recibir el amor y cuidado apropiados de parte de nuestros padres. Cuando se nos ha amado incondicionalmente y con límites saludables, experimentamos e internalizamos un sentido profundo de que somos dignos de ser amados, que merecemos sentirnos de esa manera. Cuando se nos ha estimado incondicionalmente, la autoestima viene de forma natural y aprendemos a valorarnos profundamente. Cuando creemos que tenemos un valor real, nos sentimos naturalmente motivados a cuidarnos. En retorno, nos impulsamos a fortalecernos y ampliar nuestra felicidad y seguridad. De esta manera, el camino óptimo para un bienestar emocional intrínseco se completa.

Frecuentemente, este camino óptimo no es lo que experimentamos en nuestro desarrollo temprano. El resultado es que no sabemos cómo amarnos correctamente. Carecemos de la motivación necesaria para cuidarnos y además, somos incapaces de crear un bienestar sostenible. Es verdad, usted no puede regresar a su niñez y pedir que la secuencia se rehaga, esta vez, correctamente. Pero puede hacer otra cosa más, para solucionar verdaderamente el problema aquí y ahora, y para conocer el proceso de cómo llegó hasta allí. Su felicidad estará asegurada y podrá comprender como esta nueva versión de salud emocional cobró vida dentro de usted. Creo que ahora está listo para aprender a otorgarse su valor y tener una autoestima genuina, no por actuar egoísta o ergotistamente, sino por aprender a tenerla para usted mismo. La misma autoestima que quisiera para la pequeña Sara.

Cómo valorarse profundamente

Una vez más la solución para valorarse profundamente descansa en su pensamiento. Lo que piense sobre si mismo determinará como se siente con usted mismo. Su pensamiento establece cuánto se valora a usted mismo. Primero, analizaremos que es lo que usualmente anda mal con nuestro pensamiento en esta área. Después de que hayamos hecho eso, revisaremos un método muy confiable para corregir su pensamiento. Tal como usted recordará, llevamos en nuestras mentes todo tipo de guiones culturales que le dan forma a las cosas que vemos. Naturalmente, a mucha gente les gusta y aman quienes son en realidad, y usted podría ser uno de ellos. Pero si lo fuese, probablemente no estaría leyendo este libro. Como mencioné antes, muchos de nosotros pensamos que amarnos a nosotros mismos es ser egoísta y egotista. Desafortunadamente, este pensamiento nos aleja de la carrera para obtener una autoestima intrínseca y una buena salud emocional. Incapaces de abrigar nuestro propio amor, nos preguntamos «¿Qué hice para merecer una autoestima inquebrantable? o, ¿Es que, es mejor delegar la tarea del amor y el cuidado de mi mismo a otros para que se encarguen, tales como mis padres o mi cónyuge?» Instantáneamente, nos negamos la necesaria motivación para cuidarnos persistentemente y tener equilibrio emocional. De ser así, cada uno de nosotros necesita reemplazar estos guiones, tóxicos e infundados que paralizan nuestra autoestima y bienestar, por algo mejor. Necesitamos un pensamiento positivo y saludable que motive apropiadamente el autocuidado y el bienestar emocional. Es decir, nuestros pensamientos deberían ser impulsadores de la autoestima.

Cuidadosamente, considere el siguiente silogismo: En la medida en que usted se valora a si mismo, esto determinará que tan bien se cuida a si mismo; y que tan bien se cuida a si mismo, determinará, su nivel intrínseco de bienestar y salud emocional. Esto es una obviedad. Tan simple como comer, dormir y respirar son esenciales para su bienestar físico; amarse a sí mismo es esencial para su bienestar emocional. Valorarse profundamente y amarse a sí mismo nunca deberían ser vistos como inapropiados o inmerecidos. Al contrario, pensar en uno mismo es, en sí, esencial. Es algo que todos debemos hacer porque ¡nuestro bienestar lo requiere en forma absoluta!

Así como los puntos ciegos de los pensamientos pueden impedir que nos amemos a nosotros mismos, hay otras formas incorrectas de pensar en nuestra estima que también pueden ser problemáticas. Por ejemplo, muchas personas confunden el rendimiento y los logros con la autoestima. En algunos casos, su autoestima está casi totalmente condicionada al éxito y el rendimiento. Estas personas realmente no tienen una autoestima intrínseca ellos tienen lo que yo denomino «síndrome de la estima condicionada al rendimiento».

Aquí yace el problema con la estima condicionada al rendimiento como sustituto a una autoestima intrínseca: cuando nuestra autoestima depende de lo que logramos, hacemos que nuestro bienestar emocional también dependa de ello. Nuestro bienestar fluctúa con nuestro rendimiento, y se halla circunscrito a la situación. Cuando tenemos buenos días y rendimos bien, nos gusta lo que hemos hecho y nos gustamos a nosotros mismos. Pero cuando no rendimos bien, cerramos las puertas de la autoestima y nuestro bienestar decae. Nuestra felicidad es intermitente, varía en intensidad dependiendo de la estima condicionada al rendimiento. Rendir bien debería ser importante para nosotros, pero no deberíamos sacrificar nuestra alegría y felicidad en su altar. Cuando la estima y el bienestar giran alrededor del rendimiento, un bienestar sostenido es imposible. La estima condicionada al rendimiento no es y no debería ser, un sustituto de su autoestima.

Esforzarse por llegar a un nivel de excelencia, un alto rendimiento y tener una vida impulsada por valores es una meta noble, pero quedarse un poco atrás en esta carrera, no es nunca una razón para disminuir la autovaloración y la autoestima. Tal como veremos, hay muchas formas sanas y seguras de tratar nuestros fracasos y deficiencias. Si tan solo amásemos y valorásemos profundamente a la pequeña Sara cuando ella es buena y se conduce bien, ella nunca experimentaría la felicidad duradera ni la seguridad. Lo que no funciona para ella, tampoco funciona para usted.

Que nos interesen los sentimientos de los demás y cómo ellos se sienten hacia nosotros es considerablemente importante, pero recuerde: lo que los demás piensen de usted no es una autoestima intrínseca, es la otra estima. La estima de los otros está arraigada en ellos, no en usted. La estima extrínseca de los otros es un substituto pobre de la verdadera autoestima. La dependencia excesiva de la estima de los otros fomenta la dependencia y pérdida del control personal a costa de su propio bienestar. Si bien se puede argumentar que lo mejor es tener las dos fuentes de estima, es esencial que usted tenga la suya propia. La autoestima es algo que usted ¡debe proveerse a si mismo! La estima de los otros nunca es un buen reemplazo para su propia autoestima.

Si pensamos que deberíamos solamente valorarnos y amarnos cuando hemos hecho algo para merecerlo, estamos promoviendo una mala idea para nuestro bienestar emocional. Pensar que hay que hacer algo para merecerlo, fomenta la compulsividad y restringe el flujo del cuidado propio innecesariamente. Relajarse se hace más difícil porque usted se siente como si siempre tuviese que hacer algo para sentirse bien consigo mismo. Un ejemplo clásico de esto es el tipo A de personalidad. Las personas con el tipo A de personalidad están siempre en marcha. Son altamente competitivos y trabajan constantemente, ¡no se imagina lo que es intentar que una de estas personas se relaje los primeros días de vacaciones! Ellos siempre sienten que tienen que trabajar o ser productivos para sentirse bien. Su autoestima y bienestar son condicionales: ambos están circunscritos a la producción de su trabajo y rendimiento. Son abejas eternamente trabajadoras, parece que fueran guiadas por la mantra «bueno, mejor, el mejor; nunca pares, hasta que lo bueno sea mejor y lo mejor sea el mejor de todos». Si la pequeña Sara quisiese tener una esperanza real de paz y felicidad, debería evitar seguir este modelo, y ¡usted también!

¿Si nuestros logros, la opinión de los demás hacia nosotros, y esta forma de pensar de «hacer algo para merecerlo» no deben usarse como la base primaria de la autoestima, entonces, qué se debería hacer? En breve, su autoestima debería estar arraigada a un amor incondicional idéntico al que nos convenció que debemos valorar y querer profundamente a la pequeña Sara por ser ella quien es. Ella es amada cuando estudia y es amada cuando caza una mariposa. Lo más importante de todo es que ella es amada cuando no hace nada. Si usted recuerda, en el paso 4 se estableció que amar a Sara de esa manera, incrementaba en gran medida sus oportunidades de florecer o prosperar.

Para que usted florezca, debe seguir el mismo camino. Al darse un valor profundo e inquebrantable, provee una motivación fuerte y fija para cuidar de si y se asegura que la base de su felicidad es resistente y duradera. Esto no quiere decir que usted debería ignorar o minimizar el valor de sus esfuerzos y logros. En cambio, use estos recursos para fortalecer sus sentimientos de valor propio, nunca como sustitutos o pre-requisitos para su felicidad.

Mucha gente cree que amarse a si mismos los tornará en seres centrados en si mismos. Las personas que no se aman a si mismas lo suficiente terminan siendo una carga para otros debido a sus necesidades insatisfechas. Amarse a uno mismo es la renuncia a la necesidad. Cuando nos amamos y nos cuidamos apropiadamente, nuestra carga es menor y nuestras acciones están menos centradas en nosotros mismos. Puesto que tenemos más de lo que necesitamos, somos capaces de dar sin la necesidad de recibir. Para muchos, el problema fundamental es que están muy centrados en los demás y son negligentes con si mismos, ¡porque no se aman lo suficiente! Amarnos a nosotros mismos no significa que seamos hedonistas o centrados en nosotros mismos: es un pre-requisito para la felicidad personal, buena salud mental y para amar a otros. La respuesta se asienta en crear un equilibrio apropiado, de amor para uno mismo y otros.

Su bienestar intrínseco está relacionado directamente con su capacidad para estimarse y cuidarse. Se puede apreciar la relación entre la autoestima genuina y el bienestar intrínseco, de la siguiente manera: cuando la autoestima o la autovaloración sea muy baja, el bienestar intrínseco será bajo también. Cuando el bienestar está en su punto más bajo, entramos en la *zona perecedera*. En esta zona luchamos por encontrar aunque sea, momentos breves de una felicidad fugaz. También tenemos las señales y síntomas reveladores de perturbación que acompañan un estado de bienestar disminuido.

La autovaloración intermedia nos pone en el medio del terreno emocional, la *zona lánguida*. En esta zona experimentamos periodos de bienestar emocional, pero no son continuos. La felicidad viene y se va y los síntomas reveladores de un cuidado ineficiente aparecen de tiempo en tiempo. Muchas personas están atrapadas en la zona lánguida, sus vidas están llenas de altibajos y su felicidad e infelicidad se basan en una mezcla de eventos y problemas como depresión, aumento excesivo del apetito, o consumo de alcohol, pueden entrar a tallar aquí. Normalmente, racionalizan su aceptación de una felicidad intermitente al decirse a sí mismos «Esta es la realidad; no se supone que la vida sea un paraíso». Algunas veces su felicidad da rebotes de arriba a abajo, sin embargo se detiene generalmente en este nivel intermedio de bienestar. Desafortunadamente, muchos viven una vida entera en la zona lánguida.

¡Podemos lograr algo mejor que esto! Podemos experimentar un estado de salud emocional y felicidad más duradero. Sin embargo para conseguir este nivel de bienestar, primero debemos aprender a darnos el amor y el cuidado que necesitamos. Solamente cuando hemos aprendido estas cosas podemos llevar el bienestar y la felicidad a sus niveles más altos, y solo entonces seremos capaces de permanecer en la *zona del florecimiento o prosperidad. Allí es hacia donde usted se dirige.*

Cómo valorar profundamente nuestro yo imperfecto y eliminar los obstáculos para obtener una autoestima y bienestar duraderos

A menudo he escuchado, «¡Soy más duro conmigo mismo de lo que soy con otros!» Estoy convencido de que la práctica de salud mental alrededor del mundo tendría menor demanda si no fuéramos tan duros con nosotros mismos. El ser tan duros con nosotros mismos es la causa de serios problemas con nuestro bienestar emocional. Por este motivo, yo le hice preguntas en el ejercicio del amigo ideal. No solo fallamos en cuidarnos lo suficiente, ¡también tendemos a ser muy duros con nosotros mismos! Esta es una muy mala (siéntase libre de interpretarla como «terrible») combinación para el bienestar emocional. Cuando nos maltratamos al ser demasiados duros con nosotros mismos, violamos la necesidad fundamental del respeto propio y menoscabamos nuestro propio bienestar. Debemos aprender a evitar ser demasiado duros con nosotros mismos porque esta conducta es emocionalmente perjudicial y completamente contraria al ideal de ser un buen amigo de nosotros mismos.

Cuando somos muy duros con nosotros, nuestras fallas y

deficiencias pueden desencadenar en niveles tóxicos de culpa, y auto recriminación. Algunos se castigan a sí mismos con pensamientos negativos a un punto tal que podría llamarse abuso verbal o emocional si pudiéramos decirlo en voz alta. Ellos justifican este tipo de conducta negativa aludiendo que sus amonestaciones corrigen sus conductas y les ayudan a convertirse en mejores seres humanos. Creen que si fueran menos indolentes pasarían por alto muchas de sus falencias. El pensamiento implícito dice, en efecto, «debo ser duro conmigo, incluso avergonzarme y castigarme a veces para corregir mis errores y ser una buena persona». Por supuesto que parecen intenciones nobles, la gente es dura consigo misma para sentir que son buenas personas y que merecen su propia estima, y esta idea parece razonable. Desafortunadamente, este pensamiento subyacente, no es sano, sino todo lo contrario, es un pensamiento que innecesariamente nos arrastra y es emocionalmente tóxico.

Desde luego, que deberíamos esforzarnos por comportarnos bien. Pero obligarnos a la conducta apropiada a través de la desaprobación, causa más daño que bien. Las amonestaciones severas que nos damos contribuyen muy poco para asegurarnos un real cambio de comportamiento. Una autoestima genuina es un valor emocional precioso; derrumbarla al despreciarla no es la mejor opción. No importa cuán noble sea el propósito, cuando nos presionamos con juicios severos, censura, culpa y recriminación, dañamos seriamente nuestra autoestima y a nosotros. En vez de cambiar y mejorar nuestras acciones o realmente arreglar algo, tenemos ahora dos problemas: primero, hemos perdido nuestro tiempo y energía al absorbernos por la autocrítica y no hemos logrado nada que corrija la conducta problemática original, y el segundo y más preocupante, es que a través de nuestros reproches y pensamientos que nos avergüenzan; sin saberlo hemos dañado nuestra autoestima y bienestar. En un sentido muy real, hemos actuado en contra nuestra, condenándonos en vez de condenar la conducta. De hecho, si pensamos así, significa que nunca aprendimos como mantener una buena autoestima.

Recuerde: estar enojados con nosotros mismos nunca cambia la conducta; ¡solo daña la relación que tenemos con nosotros mismos! Criticarnos nos hace sentir mal acerca de quienes somos y merma nuestra autoestima y la energía positiva para el cambio de conducta. Por otro lado, lo que realmente nos ayuda a cambiar el comportamiento es fomentar un cambio positivo del comportamiento y estar resueltos a llevar a cabo ese cambio.

En resumen, ser muy duro con usted mismo no es la mejor solución. Causa problemas y no da buenos resultados. Ser una buena persona, actuar responsablemente, y fomentar la responsabilidad personal son aspectos importantes que buscar, pero hay mejores formas para alcanzarlos sin dañar la autoestima y el bienestar emocional. Para empezar, usted debería saber distinguir sus diferentes comportamientos porque no son lo mismo. Está bien desdeñar comportamientos que usted desaprueba, pero no se desdeñe a si mismo. Realmente no me gusta la conducta de la pequeña Sara cuando golpea a su hermano, pero aún la quiero. Ciertamente le dejaré saber cuando su conducta no es buena, pero no quiero que piense que ella es mala. Si fallo haciendo esta distinción, la puedo afectar emocionalmente. Así también, cuando usted falla en hacer esa distinción, se daña a si mismo.

No le estoy sugiriendo eludir la conducta inapropiada. Debemos mantener en alto nuestras aspiraciones y ser responsables. En vez de culparnos y castigarnos por nuestros errores y defectos, debemos encontrar otra forma para corregir y mejorar nuestro comportamiento. En lugar de desperdiciar toda esta energía condenándonos y dañándonos a nosotros mismos en formas negativas e improductivas, tenemos que redirigir todo esto hacia un plan claro y constructivo para lograr una acción correctiva.

Un incentivo para aprender a comportarnos correctamente es mantener siempre en mente que las recompensas naturales y beneficiosas, que provienen de comportarse consistentemente con una valorización profunda y estima de nosotros mismos, así como de otros, exceden de lejos a la desvalorización propia. No nos va a hacer mejor culparnos por comer en exceso, beber demasiado o fumar. En su lugar, cuando nos amamos y cuidamos, deseamos actuar de forma que no nos dañemos a nosotros ni a los demás. Nuestras energías son mejor utilizadas si creamos un plan serio para corregir una conducta problemática así como si nos mantenemos firmemente comprometidos con el plan. Atacamos el problema, no a nosotros. Es muy fácil honrar esos compromisos cuando usted ha aprendido a honrar (con valor profundo) a la persona por la cual usted está haciendo esto, es decir usted mismo.

Al enfrentar nuestros errores y deficiencias de una manera constructiva, preservamos el bienestar y liberamos más energía positiva para corregir estos problemas. Amarse a uno mismo da buenas razones y energía para comportarse bien y corregir defectos. Con este enfoque, mantenemos una responsabilidad personal y moral, tratamos nuestros defectos humanos eficiente y constructivamente, y salimos con nuestra autoestima y bienestar aún intactos. Al seguir este enfoque, se promueve un ajuste más saludable y efectivo para la vida.

Después de haber leído la discusión previa, usted ya está habilitado para corregir los puntos ciegos que bloquean su habilidad para valorarse y amarse profundamente. Ahora, solo falta que usted albergue el pensamiento correcto. El proceso es simple. Primero, usted leerá los seis pasos resumidos a continuación. Yo proporcioné muchos de los detalles y usted deberá completar lo que considere apropiado. Una vez que se haya familiarizado con estos pasos, simplemente haga exactamente lo que su plan le indica. Aquí está la guía del plan de seis pasos, con la que me gustaría que usted trabaje:

(1)¿**Quién** *estará a cargo* de este plan? Será usted.

(2)¿**Qué** hará ahora? Usted se enseñará un nuevo patrón de pensamiento que le enseñará a valorarse correctamente. Un patrón de pensamiento revisado y diseñado para mejorar el pensamiento y la conducta, al cual he dado el término de cognición correctiva. Usted pensará «estoy totalmente dedicado a valorarme profundamente (o amarme) incondicionalmente, por siempre». Si usted prefiere, puede optar por escribir sus propias cogniciones correctivas, tan solo asegúrese que el pensamiento transmite claramente un sentido de amor incondicional para usted mismo.

(3)¿**Dónde** *y* **cuándo** *hará usted esto*? Me gustaría que usted proporcione estas respuestas. Piense en los momentos y lugares donde usted probablemente usará sus cogniciones correctivas, tal como en la ducha, camino al trabajo, tomando café, cuando termina una llamada telefónica, etc. ¿Qué funciona mejor para usted? Asegúrese de escribir estas ideas. Son parte de su plan.

(4)¿**Cuán a menudo** hará usted esto? Me gustaría que fije una meta, pero quisiera que considere dedicarse a ese pensamiento nuevo, por lo menos diez minutos a lo largo del día.

(5)¿**Cuánto tiempo** hará esto? Probablemente pocas semanas o hasta que usted se sienta listo para creer en esta nueva forma de pensar por siempre.

*(6) **Evalúe** para asegurarse que cada día recuerda hacer el número específico de cogniciones correctivas.* Al final de cada día, revise para asegurarse de que las hizo. Si se olvidó algunas, las puede hacer inmediatamente. ¡Asegúrese hacer este paso!

En caso que usted esté preguntándose si el plan de los seis pasos funciona, le puede responder inequívocamente que «sí» porque he visto como funciona una y otra vez. No ha funcionado cuando alguien ha dejado de seguir el plan. ¡No sorprende! ¿Esto va a tomar mucho de su tiempo? Considerando que toma seis segundos o menos decir o pensar la cognición correctiva presentada anteriormente, y considerando que usted hará esto diez veces al día, groso modo estamos estimando 60 segundos. *Esto es tan solo un minuto al día por un cambio que transformará la vida, que ¡le permitirá tener un bienestar intrínseco!* A mi me parece que es un tiempo bien invertido.

Dejé algunos detalles para que usted pueda decidir por su cuenta este plan. Es trascendental que usted tome un rol titular en este cambio tan importante. Usted debe saber lo que mejor funciona para usted. Si desea, puede usar la cognición correctiva que mencioné previamente, la cual funciona bien.

Pero si crear su propio patrón de pensamiento que transmite un valor duradero y amor para si mismo, es algo que le gustaría llevar a cabo, y si usted cree que le ayudaría, entonces por supuesto hágalo. Tan solo asegúrese que el pensamiento ya examinado hace que su autoestima y respeto sean totales e inquebrantables. Para dar un ejemplo, *una madre joven me dijo una vez que le gustaba decir a su hija «Te amo más allá de lo infinito,» cada vez que le daba las buenas noches.* Finalmente, ella decidió, que se diría lo mismo cada noche. Es un buen ejemplo de cognición correctiva porque no hay errores en su significado, o profundidad en su sinceridad. Un buen amigo se adhiere a esta idea: «Te querré por siempre; me gustarás siempre».

Después de haber decidido su cognición correctiva, usted necesita completar el resto de su plan. Indique dónde y cuándo, así se asegurará conseguir pensar en este pensamiento por lo menos diez veces al día por tres semanas o más. Me gustaría revisar esto un poco más aquí. En relación a cuándo y dónde, piense en señales que le servirán como recordatorios, es decir, cuando usted esté en la ducha, o cuando usted se esté cepillando los dientes, o cada vez que vaya arriba. Mis clientes han usado exitosamente todo tipo de señas para ayudarse a recordar: pegar notas, colocar el pensamiento correctivo en la pantalla de su computadora, al usar las escaleras, un hilo de lana púrpura alrededor de su muñeca, una clave secreta modificada tal como «valórame» o «valórame 5» (ideas asociadas con el más alto nivel de «valoración» en el ejercicio del amigo ideal), una persona decidió concentrarse en la cognición correctiva cuando manejaba, ¡cada vez que volteaba a la derecha! Creo que esta situación pasó los límites, pero la verdad es que alcanzó resultados sobresalientes simplemente por usar estas señas.

Hay una buena razón por la cual recomiendo evaluar su plan diariamente. Al completar su evaluación al final del día, usted puede asegurarse que el plan está funcionando. Si usted olvidó poner en práctica el pensamiento nuevo algunas veces o en su totalidad ese día, aún puede hacerlo completando las cogniciones correctivas ahí mismo en ese lugar. Si fuera necesario, usted puede revisar algunos detalles en su plan para asegurarse que tendrá éxito. Siendo responsable con uno mismo, se promueve el aprendizaje y se incrementa la probabilidad de que el cambio deseado en el pensamiento se produzca con mayor rapidez. En la medida que avance en este proceso, y vea que hay cambios que están ocurriendo en su conducta, usted se sentirá más seguro con respecto a su capacidad de controlar su destino emocional y felicidad personal.

Al principio, muchos dicen que se sienten raros o incómodos al decirse las cogniciones correctivas a ellos mismos. No es incorrecto ni inusual sentirse así al principio. Es normal. Lo más probable es que nunca se haya dicho cuán importante es usted o cuánto se ama usted o se valora a si mismo. Debido a que este pensamiento nuevo es tan diferente, usualmente se siente extraño por cierto tiempo. Sin embargo, en la medida que usted siga ensayando la cognición correctiva, se acostumbrará a esta nueva forma de pensar. En dos o tres semanas el pensamiento de amor a si mismo parecerá muy natural.

Otra preocupación común es si este proceso realmente funciona o no. Si bien es cierto que funciona, tener estas dudas también es normal. Dese cuenta que usted ya ha avanzado un buen trecho en su pensamiento: hasta el momento usted ve los beneficios de tener una mayor felicidad y bienestar emocional, y la lógica del cómo y porqué usted necesita valorarse profundamente. Si estuviéramos hablando de tomar unas vacaciones, y usted ya hubiese decidido a donde ir y comprado sus boletos aéreos, no estaría allí aún, pero habría avanzado en sus planes hacia su destino. De un modo parecido, usted se da cuenta de la importancia de aprender a amarse y la necesidad de su bienestar emocional, y ya ha decidido hacer algo al respecto. Posiblemente no esté ahí todavía, pero ya está en camino.

Ahora, a lo largo de las próximas semanas, comprométase a realizar el plan de los seis pasos para valorarse profundamente. Asegúrese de hacerlo diariamente y recuerde hacer la evaluación al final de cada día. Haga de esto su objetivo principal: manténgase ensayando la cognición correctiva que refuerza su autoestima. Haga su mejor esfuerzo para recordar hacerlo cada día, pero no se abata si se olvida. Tan solo corrija el problema continuando con su plan. Usualmente dentro de una semana o dos, este pensamiento nuevo le será muy familiar y normal. Esta es una buena señal. Después de 3 a 4 semanas, sus creencias acerca de su valorización personal profunda deberían de estar bien cimentadas. Usted habrá abierto el camino para su cuidado y el bienestar. ***Durante este periodo, le recomiendo enfáticamente que usted revise todo este material otra vez para reforzar y fortalecer lo que ha aprendido. Estas secciones son el corazón de este libro y es esencial que usted las aprenda.*** En la medida que usted se dedique más y más a la cognición correctiva, monitoreará de cerca y reforzará su progreso aceptando la creencia que usted se valora y se ama totalmente. Cuando usted alcance el punto donde esta manera nueva de pensar sea aceptada como correcta la «mayor parte del tiempo,» o aún mejor, «siempre o casi siempre,» usted habrá implementado exitosamente un cambio importante en su forma de pensar; el entregarse a la creencia fundamentalmente correcta de continuar con el cuidado propio y el bienestar. Esta creencia nueva es preciosa y bien merecida y no debe perderse o ser dejada de lado.

Algunos puntos para recordar

Muchos de nosotros no estamos entrenados para tratarnos como lo haríamos con un amigo especial, o cuidarnos correctamente. Operamos con el pensamiento del punto ciego. Fallamos en ver que deberíamos ser la persona más responsable de nuestra propia estima, amor, cuidado emocional y felicidad. Algunas veces, creemos que amarnos a nosotros mismos es un acto egoísta o egotista. Por estas u otras razones, se delega este trabajo a otros para que lo hagan, o no se hace en absoluto. El principal problema es que carecemos la motivación necesaria para amar y cuidar de nosotros mismos, en vez de florecer emocionalmente. Posponemos amarnos mientras nos esforzamos en ser la persona que creemos debemos ser para merecer este amor. Todo lo que esto hace es posponer la felicidad. Ahora, al aprender a valorarse a si mismo, usted está dándose la motivación intrínseca, el deseo natural de forjar la cadena de cuidado y bienestar desde su interior. Usted verdaderamente querrá cuidar de si, de la manera en que lo necesita, y este atajo lo hará más fácil.

Guía de estudio de preguntas

1. ¿Por qué es tan importante valorarse y amarse a uno mismo?

2. Hay un «atajo» para cuidar de uno mismo. Explique esto.

3. ¿Qué tipo de pensamientos causa el punto ciego?

4. Vea si usted puede terminar este silogismo: En la medida que usted se valore, determinará cuan bien usted...

5. La estima condicionada al rendimiento o la estima de otros no son buenos substitutos para la autoestima. ¿Por qué?

6. Explique la «zona lánguida».

7. Describa que es un plan de «seis pasos».

10

Paso 10: Fortalecer los hábitos para el cuidado propio y el bienestar

Cuando nos cuidamos bien, tenemos más que dar
a otros y menos que necesitar de ellos

Muy a menudo, el simple hecho de pensar correctamente acerca de nuestra propia valoración, y de decidir amarnos incondicionalmente, aumenta automáticamente nuestra disposición y dedicación para cuidar de nosotros. Una vez que realmente nos valoremos, desearemos hacer lo mejor que podamos para nutrir y cuidar de nosotros mismos. Probablemente a usted le pasa esto en este preciso momento, pero quizá sea mejor que en realidad usted observe y se asegure de que realmente le está pasando. Puede constatarlo si vuelve a calificarse en cada uno de los elementos de la lista de su amigo ideal. Si las calificaciones han subido, esto indicará que su nueva forma de pensar está funcionando y ya le está ayudando a cuidarse mejor. En la medida que su motivación para cuidar de si mismo crezca, comenzará a actuar de maneras más afectuosas hacia usted. Idealmente, usted deseará que sus calificaciones de la lista del amigo sean de cuatro (la mayor parte del tiempo), o incluso de cinco (siempre, o casi siempre) si fuera posible. La razón por la cual usted desea que sean lo más altas posible es porque su felicidad intrínseca alcanzará su máximo nivel cuando usted esté suministrándose consistentemente cada uno de estos componentes importantes de cuidado.

Si algunas de sus calificaciones en la lista del amigo son de tres o menos, usted debe tratar de cuidarse mejor en estas áreas. Por ejemplo, usted podría necesitar revisar y refinar su estrategia de cómo escuchar mejor, ser más paciente, o quizá más compasivo con usted mismo. A continuación, revisaremos algunos ejemplos de cómo tratar estas situaciones. Algunas personas no están seguras de cómo aplicar el elemento de la lista del amigo: «tienen intereses en común» a ellos mismos. Revisaremos todo esto también. Si sus calificaciones indican que usted está cuidándose bien en ciertas áreas de la lista del amigo ideal, por favor vea el alcance de esos temas como una confirmación positiva de su aprendizaje emocional. Recuerde: la educación puede ser información nueva o una profundización de lo que usted ya sabe.

Si usted desea mejorar su capacidad para cuidarse en áreas especificas, puede usar el formato del plan de los «seis pasos» que aprendió anteriormente. El seguir este enfoque de los seis pasos le da un método casi infalible para pensar y llevar a cabo cambios importantes en su manera de pensar y conducta.

En el paso 1 (quién), usted comprendió claramente que es usted quien es responsable de hacer los cambios en su pensamiento y conducta. En el paso 2, usted decidió cuales serían las nuevas ideas que consideraría o llevaría a cabo. Aquí el punto es traer una o más ideas que sean consistentes con el objetivo del elemento del cuidado de uno mismo y asegurarnos que serán bastante específicas y que sabrá qué hacer para llevarlas a cabo. Por ejemplo, si su objetivo para cuidarse es llegar a ser más positivo hacia si mismo, su idea podría ser la de tener un pensamiento de halago tal como, «realmente logré hacer muchas cosas hoy». Su halago no debe estar relacionado con su rendimiento, usted podría simplemente decidir pensar, «me gusta quien soy».

Al aplicar el formato del plan de los seis pasos, usted también necesitará decidir dónde, cuándo y que tan a menudo le gustaría practicar y reforzar esta conducta nueva. Al tomarse el tiempo para considerar estos detalles pequeños pero importantes, aumentará inmensamente la posibilidad de que los cambios que usted desea, realmente ocurran. Usted habrá notado que yo dejé al último la pregunta de cuánto tiempo. Consideré que usted querrá hacer esto ¡por siempre!, dado el carácter maravilloso y saludable de los hábitos de cuidarse. Por supuesto, que usted siempre deseará evaluar estos esfuerzos. La revisión diaria le ayuda a determinar si usted está llevando a cabo su plan correctamente. Finalmente, los puntajes subsecuentes de los elementos de la lista del amigo le permitirán saber reconocer los beneficios que usted consigue a través de estos esfuerzos de mejoramiento propio.

Estamos listos para mirar algunos ejemplos de planes que le ayudarán a mejorar sus hábitos de cuidarse en relación a elementos seleccionados de la lista del amigo ideal. Estos planes se enfocan en ejemplos que usted puede usar, concretamente el paso 2 de cogniciones correctivas y acciones es para fortalecer varios hábitos en su cadena de cuidado. Los otros pasos en el formato del plan de los seis pasos para mejorar estos hábitos deberían ser auto explicativos, y se puede decidir al respecto según preferencias personales y su utilidad. Los hábitos que trataremos ahora son: escucharse a sí mismo, aceptarse y perdonarse, ser leal, paciente y «tener intereses en común» consigo mismo. Estoy incluyendo esta última conducta porque muchos de nosotros tenemos dificultades para ver cómo aplicar la idea de: «tener intereses en común» a nosotros mismos.

Escucharse a si mismo

Hay una buena razón por la que escogí tratar este hábito primero. Puse escuchar primero, porque cuando se trata de que uno se cuide, escucharse a sí mismo es lo que usted debe hacer primero. Este es el primer paso esencial al inicio de la cadena de cuidarse. Le permite oír sus sentimientos, para ver si usted está feliz, triste, aburrido, solitario, emocionado, enfadado, cansado, o quizá un poco frustrado. Usted no puede cuidar de aquello que no ve. Solamente cuando usted se tome el tiempo para notar y oír sus sentimientos, es decir escucharlos, usted será capaz de indagar realmente cómo se siente y podrá ofrecerse la clase de cuidado propio que sería mejor para usted. Al escucharse a si mismo, esfuércese por seguir el mismo tipo de disposición saludable que usted adoptaría si estuviera realmente hablando con la pequeña Sara. Usted desearía escucharla con cuidado y regularmente porque su salud emocional y felicidad dependen de eso, y usted querrá escucharse cuidadosamente a si mismo porque usted también lo requiere. De hecho, cuando no hacemos esto, nos abandonamos emocionalmente. Dependemos de otros para que nos escuchen o corremos el riesgo de un deterioro emocional y sintomático a través de una conducta negligente de no escucharnos a nosotros mismos. En definitiva, para ser su propio amigo ideal debe esforzarse en ser bueno en escucharse a si mismo. Esta es una de las cosas más importantes que usted puede hacer para mejorar su cuidado y bienestar.

Aquí le proporcionamos algunas ideas para poder escucharse bien a si mismo: primero, elija un momento tranquilo y un lugar donde pueda escucharse sin tener muchas distracciones. La soledad le ayuda a enfocarse en lo que usted siente. Adopte la actitud de escucharse a si mismo con interés genuino y cuidado, sin juicio. Se sentirá más cómodo y será más probable que usted exprese sus verdaderos sentimientos si entra en contacto consigo mismo de una manera positiva. Usted desea que la experiencia de escucharse a sí mismo sea útil y positiva. El cuidado y la aceptación ayudan a hacer de este hábito importante algo que usted disfrutará y repetirá. Cuando somos muy críticos y duros con nosotros mismos, escucharnos será negativo y desagradable; escuchar como nos sentimos se convierte en algo que preferiríamos evitar. Es importante actuar con delicadeza y ser compasivo con usted mismo.

Trate de hacer preguntas sinceras tales como, «¿Cómo se siente en realidad?», «¿Qué ha estado pensando?» y «¿Ha pasado algo especial?». Pregunte, luego escuche, realmente escuche sin emitir juicio. La aceptación se siente mejor que las críticas duras, entonces haga que el escucharse a si mismo sea una experiencia *amistosa*.

Preste atención a sus sentimientos, asegúrese de que usted realmente escucha cómo se siente. Si escucha cosas buenas, usted puede responder saboreando su felicidad. Escuchar cómo se siente puede ser divertido tanto como útil de otras formas. Si se encuentra triste, usted puede ofrecerse a si mismo cuidado y preocupación. Si está experimentando problemas, dese cuenta que usted está ahí dispuesto a ayudarse. Recuerde, esta forma empática de escucharse es donde empieza el acto de cuidarse.

Ahora, por favor tómese el tiempo para reflexionar acerca del proceso y actitud que usted usó previamente cuando se escuchaba a si mismo. Después de leer este material, ¿qué cambios, si hubiesen, le gustaría hacer para mejorar su forma de escuchar? Si usted percibe alternativas que van a mejorar la manera en que usted escucha sus sentimientos, incorpórelas en un plan de seis pasos. Asegúrese de preparar un plan completo que incluya escucharse en forma regular y diaria, así como las veces y lugares para esta actividad. Como siempre, evalúe qué hace cada día para asegurarse de que cambios desea implementar.

Aceptarse y perdonarse

Debido a su interrelación, pienso que es apropiado examinar la aceptación de uno mismo y el perdón juntos. Para empezar, si siempre nos aceptásemos, rara vez, quizá nunca, necesitaríamos perdonarnos. Aunque ocasionalmente podemos tener buenas razones para desaprobar nuestra conducta, no nos culparíamos y condenaríamos por como nos comportamos si siempre nos aceptásemos; continuaríamos amándonos a nosotros mismos, aun cuando nuestra conducta fuera mala o dañina. En lugar de condenarnos a nosotros mismos, condenaríamos nuestras malas acciones y decididamente las corregiríamos. De ese modo, si evitamos culparnos severamente no tenemos que desperdiciar mucha energía tratando de reparar sus efectos perjudiciales a través del perdón. Después de todo, esa energía sería mejor utilizada corrigiendo nuestras fallas y deficiencias.

Aquí hay algunas ideas que usted podría usar para ayudarse a crear un mejor balance en medio de sus necesidades para aceptarse y perdonarse:

➢ Decida hacer de su aceptación incondicional una creencia principal.

➢ Piense esto de la misma manera que usted piensa acerca de su valorización con profundidad.

➢ Recuerde que usted es aceptado a diario plenamente.

➢ Identifique la conducta equivocada que merece corrección.

➢ Comprométase a corregir la conducta inicua decididamente.

➢ Identifique y elimine cualquier pensamiento que le haya dado razones para no aceptarse a si mismo.

➢ Rechace las acciones y conductas inicuas, no a usted mismo.

➢ Practique la aceptación y responsabilidad en vez de culparse.

➢ Dese cuenta que la culpa y la vergüenza nunca corrigen la conducta inicua, solamente el corregirla lo hace.

➢ Recuerde que usted siempre tendrá su aceptación, aun cuando alguien elija no otorgársela más.

➢ Tenga en cuenta que la propia aceptación es un prerequisito para el verdadero bienestar.

Si alguna de estas once ideas no es parte de su forma de pensar en este momento, trate de usarlas para llegar a estar más dispuesto a aceptarse o ser menos punitivo consigo mismo. Para lograr mejoras en estas áreas, prepare un plan de seis pasos que le ayude a alcanzar sus metas deseadas.

Ponga lo aprendido en acción. Tal como le mencioné antes, *saber* significa *hacer*. Saber algo o decirse «sé lo que se debe hacer» no significa mucho si usted en realidad no lo hace. Es como si hubiera dos niveles de conocimiento: El primero es ser consciente de la información. El segundo nivel es cuando usted acepta y actúa consistentemente sobre la base de información. Cuando una persona que tiene problemas de alcohol dice: «sé que bebo demasiado,» pero aún continúa bebiendo mucho, ¿Cuánto sabe en realidad? Si usted leyó lo que se analizó en este libro, usted *sabe* de qué trata. Si usted hace lo que se recomienda en este libro, es porque realmente lo *sabe*. Por favor asegúrese de tomar un enfoque activo en el aprendizaje de estas técnicas, ¡permítase experimentar la recompensa de practicarlas!

Ser leal a uno mismo

Ser leal a uno mismo es otro eslabón trascendental en la cadena de cuidado: el bienestar emocional duradero depende de eso. Usted debe ser capaz de contar consigo mismo para cuidarse correctamente si desea que el bienestar sea sostenido. *Cuidarse consciente y consistentemente trae una felicidad duradera.* Sostener su compromiso de cuidar sus necesidades emocionales y felicidad de una manera consciente y consistente es lo que significa «ser leal a uno mismo». Nos volvemos leales a nosotros mismos cuando cuidamos fielmente nuestras necesidades emocionales y preservamos nuestro bienestar emocional a través del cuidado apropiado. No hay nadie más que pueda o debería hacer este trabajo por nosotros. Lealtad consigo mismo también significa confiar en usted para honrar y adoptar una postura firme por sus sentimientos y valores. Ser capaz de expresar su verdad emocional y afirmarse cuando sea necesario, promueve una buena regulación emocional y ayuda a proteger la salud mental y bienestar. Es bueno ser asertivo acerca de sus sentimientos, necesidades y valores; es ser leal a usted.

Si usted necesita trabajar en la restructuración de su pensamiento para ser más leal emocionalmente a si mismo, considere apoyar ideas tales como:

- ➤ Usted se valora profundamente cuando usted es leal a si mismo.
- ➤ Ser leal a si mismo significa que usted estará ahí para usted.
- ➤ Usted se da seguridad a si mismo al convertirse en alguien en quien apoyarse. Ser leal a usted mismo le da esta seguridad.
- ➤ Al ser leal a si mismo, usted tomará la tarea de cuidarse en serio, y lo hará bien.
- ➤ Su felicidad y salud emocional dependen absolutamente de que usted sea fiel a si mismo.
- ➤ Ser leal a si mismo le ayuda a ser consciente de

cuidarse.

➤ La lealtad a si mismo lo capacita para adoptar una postura firme por aquello que siente y valora. Decir lo que siente resulta más natural y se siente que es hacer lo correcto.

➤ Ignorar sus sentimientos y emociones es un acto negligente y desleal a su bienestar.

Estas ideas pueden ser incorporadas en su nueva forma de pensar, usándolas en el paso 2 de su plan de los seis pasos para incrementar su lealtad emocional. Trate de escribir uno en este momento.

Ser paciente con usted mismo

Muchos de nosotros tenemos dificultades siendo pacientes, especialmente el ser pacientes con nosotros mismos. Esta impaciencia con frecuencia acompaña el ser demasiado duros con nosotros mismos. Hay un número de razones por las que podemos actuar de esta manera, pero ninguna de ellas es muy buena para nuestro bienestar y felicidad. A veces la impaciencia se origina de habernos puesto expectativas muy altas. Un ejemplo de este pensamiento podría ser, «Yo debería saber cómo hacer esto, y estoy muy disgustado conmigo mismo porque no sé cómo». Los hechos reales pueden ser que teníamos expectativas de saber cómo hacer algo que nunca antes habíamos hecho, y logramos estar enojados e impacientes por eso. ¿Deberíamos enojarnos con la pequeña Sara porque ella no pudo usar las tijeras si nunca antes le enseñaron cómo hacerlo? No, yo pienso que usted reconocería que usar las tijeras es una habilidad que requiere tiempo y paciencia para aprender. Otra situación en la cual nosotros perdemos la paciencia y nos enfadamos es cuando nos enfrentamos a circunstancias retadoras que parece que no podemos superar. Estas situaciones a menudo desencadenan frustración, cólera e impaciencia. A veces es un asunto de intolerancia hacia los errores y deficiencias de nosotros y de los de otros.

La aceptación, tolerancia y confianza son las herramientas que nos ayudan a ganar o recuperar la paciencia y el bienestar cuando enfrentamos circunstancias que están fuera de nuestro control inmediato. Por ejemplo, podríamos pensar, «Para llegar a ser un buen jugador de tenis se requiere tiempo y práctica, y supongo que debería aceptar el hecho que no voy a acertar la bola muchas veces, especialmente al principio». Cuando practiquemos como tener tolerancia, podríamos pensar, «Ellos son ruidosos, pero son tan solo niños y se están divirtiendo». O cuando tenemos dificultades para seguir las instrucciones para programar el control remoto de la TV, podemos darnos confianza al pensar, «probablemente pueda hacer funcionar este control remoto, tan solo necesito darme más tiempo con las instrucciones».

Sin embargo, si la paciencia no es su virtud las siguientes ideas deberían ayudarle para desarrollar un plan de seis pasos:

➢ Decida que la paciencia ha de ser prioritaria en su nueva forma de pensar, en como se trata usted mismo y a otros.

➢ Recuerde que es más realista esperar que usted haga lo que puede hacer, en vez de lo que no puede. Pensar de esta manera promueve la paciencia.

➢ Identifique las circunstancias que desencadenan su impaciencia, y corrija su forma de pensar para que sea más abierta, tolerante y con confianza.

➢ Observe cuidadosamente para determinar si ser perfeccionista o autocrítico puede ser la raíz de su impaciencia. La mayoría de la veces, estos hábitos hacen daño en vez de ayudar su salud emocional y felicidad.

➢ Recuerde que el pensamiento paciente es el pensamiento seguro.

➢ Dese cuenta que la paciencia hace que usted y los que lo rodean se sientan felices.

➢ Entienda que la paciencia es lo que la pequeña Sara necesita, y lo que usted necesita también.

Si usted pone algunas de estas ideas en un plan de seis pasos, usted puede enseñarse a ser más paciente.

Tener intereses en común… ¡Sí, con usted mismo!

El tener intereses o valores en común con alguien hace

que la conexión se sienta más agradable. Las actividades que nos interesan son más fortalecedoras, valiosas y más dadas al cuidado propio. De esa manera, ¿cómo aplica usted directamente la idea de tener intereses comunes con usted mismo? Lo puede hacer de diferentes modos. Por ejemplo fomentando intereses y pasatiempos, deportes favoritos, trabajo voluntario, etc. O sabiendo cuales son sus intereses y pasiones y pensando en ellas. Y, puede hacerlo, asegurándose de tomar parte del tiempo de su vida para dedicarse a las actividades que le interesan.

Si usted piensa que puede beneficiarse al fomentar una mayor apreciación de sus valores e intereses, ahora podría ser un buen momento para trabajar en mejorar sus hábitos de cuidarse.

A continuación hay algunas ideas que adoptan el concepto de cómo cuidar sus intereses. Considere hilarlas en un plan de seis pasos para que le ayuden a enriquecer su bienestar.

> ➢ Haga un inventario de sus intereses, valores y pasiones. ¿Hay suficientes? ¿Cree que están bien o podría desarrollar otros que ayuden más?
> ➢ Sea proactivo en el desarrollo de sus intereses y creencias. ¿Se apoya a si mismo en este sentido? Si no, cambie su forma de pensar para tener este apoyo.
> ➢ Comprométase a darse tiempo y oportunidad para involucrase en sus pasiones e intereses. ¿A qué

intereses se dedica ahora? ¿Hay mejoras que usted desea hacer para priorizar sus intereses?

➤ La pequeña Sara se aburre y se pone triste cuando no tiene nada que hacer, ella está muy feliz cuando está interesada y goza su mundo. Asegúrese de tener tiempo para disfrutar sus intereses también, tanto en el pensamiento como en la acción.

➤ Piense en un cambio que podría hacer usted a través del plan de los seis pasos que le permita tener una participación más satisfactoria con sus regocijos e intereses.

Algunos puntos para recordar

El cuidarse es una manera de pensar, una forma de pensar que expresa respeto por su mente y cuerpo. Su lista del amigo ideal contiene las ideas esenciales que guían su manera de pensar. Usted puede fortalecer su cuidado y bienestar refinando su manera de pensar y sus hábitos de cuidado emocional. Al aprender estos hábitos para ser su propio amigo ideal en la vida diaria, usted incorporará el cuidado apropiado, que es necesario para una vida más saludable y feliz. Las ideas para los planes de los seis pasos descritas anteriormente le proveen métodos prácticos para mejorar estos hábitos importantes. Usted también puede utilizar el lineamiento básico del plan de los seis pasos como una guía para mejorar otras áreas del cuidado a si mismo. El crear hábitos sólidos de cuidado crea la mejor base para una buena salud mental y una felicidad duradera. Dado que terminamos aquí quisiera pedirle que vuelva a leer este capítulo y los dos anteriores (Paso 8 y 9) para asegurarse que los ha comprendido bien.

Guía de estudio de preguntas

1. ¿Qué le dicen sus calificaciones de los elementos del Ejercicio del amigo ideal acerca de su relación con usted mismo?

2. ¿Por qué es importante evaluar el progreso de los planes de los seis pasos en forma diaria?

3. Escuchar es lo primero en la lista del amigo ideal. ¿Por qué?

4. ¿Por qué deberíamos mirar a la aceptación y el perdón juntos?

5. Enumere tres ideas que usted respalda para desarrollar el ser leal con usted mismo.

6. Explique qué significa tener «intereses en común» con usted mismo.

11

Paso 11: Cómo hacer que el bienestar dure

La felicidad se siente cuando se elige pensar prudentemente en algo; la felicidad dura cuando uno se cuida lo suficiente para seguir adelante con algo

Una vez que usted haya entendido que el pensamiento engendra un bienestar emocional duradero, deberá poner este pensamiento en práctica en su vida diaria para sostener y darse cuenta de todos los beneficios que usted ha aprendido. Saber significa hacer, no «saber algo y no hacer» o «solamente hacerlo a veces». Usted realmente necesita vivir utilizando sus habilidades nuevas y conocimiento. Al aplicar cada día una mentalidad de cuidado, usted será capaz de continuar creando la alegría personal que desea.

Podemos aprender cómo tener bienestar, pero también podemos perderlo por falta de uso. Al igual que muchas otras búsquedas el conocimiento inicial de cómo algo funciona no es lo mismo que saber cómo hacerlo funcionar. Debe poner este aprendizaje en práctica, viva haciéndolo cada día. En resumen, úselo, o piérdalo. Usted da los pasos finales para alcanzar una felicidad duradera al tener presente los principios del cuidarse, al recordar tratarse como lo haría con la pequeña Sara, y usando lo que usted ha aprendido en su vida diaria. Usted ahora puede empezar a vivir con una forma de pensar que engendra felicidad y bienestar para usted y los otros.

Usted ya ha avanzado mucho, asegúrese de no retroceder. Para prevenir una recaída, usted debe desarrollar y seguir un buen plan de mantenimiento que lo mantendrá en el camino. Mantenerse en el camino significa vivir bajo los principios del cuidado de sí mismo, que lo mantienen sintiéndose bien todos y cada uno de los días. El tener un plan de mantenimiento sólido es un paso esencial para que dure el bienestar. ***Tómese el tiempo ahora para escribir un plan que le ayudará a enfocarse en su bienestar. Cuando escriba el plan, le recomiendo que:***

1. Evalúe cuánto y que tan a menudo usted aplica las conductas en la lista de su amigo ideal.

2. Revise su lista del amigo cada día y haga revisiones: Califíquese y re-califíquese en esta lista regularmente.

3. Consiga implementar planes correctivos para mejorar su autocuidado donde sea necesario. Revise su progreso para asegurarse de que está siguiendo bien la implementación de estos planes.

4. Mantenga un diario para que así pueda realizar un seguimiento de su planificación, evaluación y progreso hacia el mantenimiento de su autocuidado y bienestar.

5. Monitoree su nivel de bienestar regularmente usando la calificación de puntos hasta el 10, que describimos en el Paso 9.

6. Esté pendiente de cualquier patrón de pensamiento inseguro, perturbador y use la herramienta de cambio de pensamiento para deshacerse de los pensamientos negativos persistentes.

7. Revise ciertas partes de este libro y sus anotaciones de vez en cuando para refrescar y profundizar su entendimiento de lo que ha aprendido. Continúe con lecturas adicionales que lo ayuden a seguir en su camino.

8. Considere la posibilidad de trabajar como un consejero que ha experimentado un modelo de práctica arraigado en la Psicología Positiva o la Terapia Cognitiva Conductual para ganar ayuda adicional.

A continuación mostramos una lista de ideas claves para construir la felicidad y la salud emocional que ayudó a dirigir mi pensamiento a lo largo de este libro. Recordar estas ideas también puede ayudarle a mantener una manera de pensar adecuada para el sostén de su felicidad personal. Como parte de su plan de mantenimiento, considere regresar a este capítulo y revisar estas ideas de vez en cuando, de manera que permanezcan como una parte firme de su forma de pensar acerca del bienestar.

➤ *Las cosas* no causan sentimientos, sus pensamientos acerca de las cosas, sí lo hacen.

➤ Usted no podrá autorregularse correctamente, si cree erróneamente que sus emociones son causadas por las cosas externas a usted.

➤ Recuerde pensar, «No es lo que él o ella haya hecho lo que hiere mis sentimientos. Es lo que yo pienso al respecto lo que hace que me sienta herido».

➤ Para sentirse bien, primero hay que pensar bien.

➤ Cuando usted piensa que las *cosas* lo hacen feliz, usted hace que la felicidad esté circunscrita a la situación. Entonces, usted solo será feliz cuando esas situaciones ocurran.

➤ Asegúrese de no pensar que las cosas lo abaten, cuando es usted quien se abate con respecto a las *cosas*.

➤ Piense prudentemente; mantenga sus pensamientos en el lado correcto del camino.

➤ Recuerde, los sentimientos perturbadores causados por el pensamiento inseguro no son estados en los cuales quedarse; son señales para que usted tome una acción correctiva y así pueda proteger y preservar su salud emocional y felicidad.

➤ El mantener la idea constante de cuidar de si mismo es la esencia para permanecer feliz y bien.

➤ Si usted solo quiere sentirse bien algunas veces, solo tiene que pensar bien algunas veces.

➤ Controlar las situaciones no es un buen sustituto de aprender cómo controlar su pensamiento con respecto a ellas.

➤ Cuando cambia su forma de pensar, también cambia su forma de sentir.

➤ Aprender a mantener la felicidad no es tan difícil como vivir sin ella.

➤ Usted debe y debería elegir que pensar. Sus pensamientos deberían trabajar para usted, no al revés.

➤ Si siempre piensa lo que siempre ha pensado, usted siempre se sentirá de la manera que siempre se ha sentido.

➢ A usted no le pagan por hora para sentirse mal con pensamientos negativos, por eso no se castigue gratuitamente.

➢ Cuando usted decide valorarse profundamente y realiza un gran cambio en sus creencias, a pesar que nunca antes lo había hecho, pone en marcha una motivación poderosa que alcanza un bienestar emocional. Siente que algunos patrones antiguos de negligencia son notablemente defectuosos y se dejan de lado; el pensamiento positivo y las acciones en relación a usted y su vida se sienten bien y emerge en su lugar un realineamiento con su nueva creencia.

➢ Para ser feliz, valore la idea de ser feliz y concéntrese en más pensamientos positivos.

➢ Expanda su acopio de pensamientos seguros y empéñese en tener pensamientos positivos en forma regular.

➢ Haga aquello, en lo que cree y crea que es bueno; usted se sentirá feliz.

➢ Esfuércese para tratarse a si mismo como lo haría con la pequeña Sara. Asegúrese de que sus pensamientos y acciones pasen la prueba de la pequeña Sara. Si no fuesen buenos para ella, dese cuenta que tampoco serían buenos para usted.

➢ El amor que no se nos dio debemos aprender a dárnoslo nosotros mismos.

➢ Esperar que ciertas cosas pasen para ser feliz es un sustituto pobre para ser feliz, en vez de ser feliz mientras se espera que las cosas pasen.

➢ La estima de los otros y la estima condicionada al rendimiento son ciertamente importantes por derecho propio, pero es esencial que usted nunca las vea como sustitutos de su propio valor intrínseco y estima.

➢ Una constante autoestima y autocuidado son esenciales para su bienestar emocional.

➢ Mire más allá de su punto ciego, amarse a uno mismo no es ser egoísta o es inmerecido; es esencial para la felicidad y salud emocional.

➢ Haga de la autoestima profunda e incondicional, un pacto irrevocable para el resto de su vida.

➢ Recuerde que si usted reacciona con una culpa retributiva hacia sus fallas humanas y deficiencias, quiebra el pacto de una autoestima incondicional.

➢ Desdeñe el mal comportamiento, no a usted mismo. Use su energía vital para lograr una corrección más firme con respecto a estas conductas.

➢ Valórese profundamente hoy y cada día. Su salud y felicidad dependen de ello.

➢ No amarse a uno mismo lo suficiente es una deslealtad fundamental que sacrifica su bienestar emocional.

➢ En la medida que usted se valore profundamente a si mismo, determinará que tan bien se cuida a si mismo. Que tan bien se cuida a si mismo determina cuanto bienestar usted tiene.

➢ Los psicoterapeutas que se enfocan en nuestros problemas del pasado fallan directamente al no enseñarnos como pensar y sentirnos bien en el presente.

➢ Esfuércese cada día para tener tiempo de calidad con sus buenos amigos, incluyéndose a si mismo.

➢ Permita que su comprensión y sentido de cuidado por la pequeña Sara guíen su vida: procure constantemente tratarse a usted y a los otros de la misma manera que lo haría con ella.

➢ El bienestar emocional no es un trabajo a tiempo parcial; es un compromiso a tiempo completo para adherirse a una manera de pensar y de comportarse que se vive cada día.

➤ Si usted depende de otros para que lo cuiden emocionalmente, conseguirá bienestar por ese día, pero si usted aprende como cuidarse, usted tendrá bienestar para toda su vida.

➤ Se puede tener una seguridad real y perdurable cuando viene de dentro de uno mismo en lugar de que venga de las cosas que a uno lo rodean.

➤ El éxito en la creación de un bienestar duradero empieza con la valorización de uno mismo y de su felicidad personal. El éxito en su mantención empieza cuando nos comprometemos firmemente a estos propósitos.

➤ Cuando se trata de una buena amistad, la mayoría de nosotros ya sabemos mucho, pero generalmente somos mejores amigos de otros, que de nosotros mismos.

➤ Cuando fallamos en cuidarnos, la amistad se convierte en «necesidad». «Te quiero» se disfraza de «Te necesito...te necesito para amarme yo no sé cómo».

➤ El amor empieza cuando la necesidad se detiene. Al amarse a si mismo, usted tiene algo que dar a otro, en vez de necesitar algo de otros.

➤ Cuando se trata de su bienestar, saber qué es eso, significa vivirlo. El seguimiento y mantenimiento ayudan a sostenerlo viviendo el bienestar, por eso son importantes.

➤ Al elegir vivir usando los elementos del ejercicio del amigo ideal cada día, usted tendrá un plan maestro para una felicidad duradera y bienestar.

➤ La felicidad se siente cuando se elige pensar cuidadosamente en algo; la felicidad es duradera cuando uno se cuida lo suficiente para seguir adelante con algo.

Sin darse cuenta, usted puede haber buscado el cuidado y el bienestar desde afuera en lugar de desde adentro. A través de sus propias experiencias con el ejercicio del amigo ideal, usted ve lo que todos buscamos, incluso con mayor claridad. Ahora usted sabe que al pensar y tratarse a usted mismo como lo haría con un amigo ideal, usted puede darse una estima duradera, seguridad, felicidad personal y el bienestar que deseaba y merece.

Algunos puntos para recordar

La felicidad duradera no es un asunto de buena suerte. Se logra cuando uno se adhiere a vivir con la mentalidad de cuidarse a sí mismo en forma diaria. Un buen plan de mantenimiento reforzará el aprendizaje emocional que usted adquirió y le ayudará a mantener su bienestar emocional en camino. Para asegurar su éxito, un buen plan de mantenimiento es esencial.

Guía de estudio de preguntas

1. ¿Por qué es necesario un plan de mantenimiento?

2. ¿Qué medidas piensa tomar para apoyar su progreso?

3. Yo he presentado 45 ideas claves en este paso que ayudaron a que yo escribiera este libro. Seleccione tres que le parecen especialmente significativas para usted. ¿Por qué son las más significativas?

4. Si no lo ha hecho, anote el plan de mantenimiento que usted pensaría seguir.

12

Paso 12: Algunas implicaciones acerca de la felicidad y el bienestar para la sociedad

Para poseer salud emocional y felicidad, primero
se debe enseñar cómo pensar y sentirse bien

Para terminar, me gustaría compartir algunas reflexiones adicionales que tengo acerca de la importancia de tener un buen aprendizaje emocional y felicidad intrínseca en nuestras vidas. Ante todo, estoy de acuerdo con el movimiento de la Psicología Positiva, que sugiere un cambio de enfoque de enfermedad mental al de bienestar mental. Mi punto de vista es que muchos problemas emocionales y desórdenes incluyendo ansiedad, depresión y adicción surgen y se agravan por nuestra falla al no enseñar apropiadamente el bienestar mental. Sería más productivo ver la mayoría de ellos, no como un desorden médico, sino como problemas conductuales basados en el aprendizaje; problemas arraigados en la manera como hemos aprendido a pensar emocionalmente. El tratar estos problemas solo con medicación o tratando solo los síntomas asociados con ellos, no solucionará en última instancia lo que los ocasiona. Ayudar a las personas a aprender como pensar de forma que permita el bienestar, ofrece una manera directa y prometedora para abordar las causas y soluciones de tales problemas. La salud mental es más que estar libre de síntomas o diagnósticos; es tener la habilidad para pensar y comportarse de maneras que sustenten el bienestar emocional. Es aquí donde necesitamos apuntar.

¿Qué más se debe hacer para cambiar el status quo? Hay mucho en juego. Una vida sin felicidad no es vida. La felicidad y la capacidad de recuperación emocional se correlacionan directamente con una buena salud emocional y física, tanto como con la productividad, urbanidad y otros aspectos importantes de la conducta humana. Por otro lado, cuando no hemos aprendido cómo practicar el bienestar emocional, los signos reveladores de una perturbación emocional son obvios. Millones de vidas son afectadas, teniendo un enorme costo en nuestras familias, lugares de trabajo, sistemas para la atención de la salud y la sociedad en su totalidad. Para empezar, considero que de fondo el saber «cómo» obtener bienestar emocional debería ser un objetivo de educación prioritario en nuestras escuelas y hogares. Saber cómo estar emocionalmente bien y sostener la felicidad no es algo intuitivo de por sí, sino que responde a una manera de pensar adquirida que debemos aprender, y que en retorno, debemos enseñar. Saber cómo pensar bien tiene implicaciones emocionales más allá de nuestra felicidad personal y salud mental. También afecta otros aspectos importantes de nuestras vidas, tales como, la forma de comportarnos como padres, amigos y con nuestras parejas; y cómo funcionamos en el trabajo. Analicemos primero qué pasa cuando se es padre.

La crianza de los niños es uno de los trabajos más importantes de los seres humanos. A través de la crianza, nuestros niños aprenden muchas habilidades básicas de vida: vestirse, alimentarse, hablar, socializar; habilidades vitales para su supervivencia física y bienestar a lo largo de sus vidas. Y cuando les enseñamos cómo, ellos aprenden el lenguaje emocional correcto para sentirse bien. Podemos enseñarles como pensar y sentirse bien con respecto al mundo que los rodea, acerca de sí mismos, y como cuidarse correctamente para que así puedan cuidar completamente de su bienestar emocional a lo largo de sus vidas y pasen este conocimiento a la siguiente generación. Para adquirir la base apropiada para la salud mental y bienestar, los niños tienen que ser instruidos acerca de cómo lograrlo. Es de suma importancia que nosotros como padres poseamos las habilidades necesarias para que nuestros hijos reciban la educación emocional que necesitan.

Nuestra experiencia pasada no es un educador confiable para implementar un conjunto de habilidades emocionales necesarias. Depende de lo que haya pasado en el transcurso de la vida y qué lenguaje emocional se haya utilizado. Una mentalidad que alberga cólera, preocupación, miedo, dudas de uno mismo; o una estima basada en el rendimiento no es una mentalidad que pueda mantener la paz y la alegría, o una que sirva de modelo para nuestros niños. El saber cómo obtener bienestar no es algo que podamos asumir, que vendrá por si solo o que podamos adquirir al hacernos mayores. Desafortunadamente, muchas personas mayores en realidad nunca han crecido emocionalmente. La mentalidad para la felicidad y la salud mental es algo que requiere de las oportunidades de aprendizaje idóneas: debe enseñarse en casa y a través de la educación pública.

Las respuestas emocionales positivas tales como alegría, risa y aceptación no son simplemente respuestas innatas; son respuestas marcadamente influenciadas por cómo hemos aprendido a pensar acerca de los eventos y situaciones. Cuando se trata de emociones humanas, nuestro aprendizaje tiene mucho que ver con cómo nos sentimos. Para sentirse orgulloso, se debe saber cómo pensar con orgullo acerca de algo; para sentirse desesperanzado, primero se debe discernir y aceptar la ausencia de esperanza. En la medida que los eventos ocurren, tendemos a responder con los sentimientos que nuestros pensamientos generan. El aprendizaje también influye en cuándo, dónde, y cuánto nos involucramos, y expresamos varios pensamientos positivos y negativos. De ahí que nuestro estado de ánimo está profundamente impactado por lo que hemos aprendido a lo largo del camino. Una vez condicionados, sin embargo, estos pensamientos tanto como los sentimientos arraigados por ellos, tienden a ocurrir de alguna manera automática, pero ese no fue siempre el caso.

Implicaciones sociales

Desde la primera infancia, la experiencia empieza a influenciar nuestras reacciones emocionales. La experiencia moldea y define mucho del «lenguaje emocional» fundamental que usamos. Por ejemplo, no aterrizamos en el planeta como gente aprensiva, positiva, «triste» u «hombres machos» que nunca muestran sus sentimientos. Aprendemos a actuar de esa forma, aprendemos a ser gente aprensiva, optimista y «hombres machos» por medio de la guía parental intencionada y no intencionada, tanto como de las experiencias acumuladas de la vida. Aprendemos como pensar y hablar en inglés, aprendemos el lenguaje de las matemáticas, y también aprendemos el estilo particular del lenguaje emocional que usamos.

De niños, aprendimos los lenguajes que nos enseñaron, y no, los que no nos enseñaron. Este es también el caso de nuestro lenguaje emocional. Aprendimos el pensamiento emocional y sentimientos que nosotros adquirimos de niños y que ahora tenemos como adultos. El lenguaje emocional que nosotros aprendemos será el lenguaje emocional que hablaremos, es decir, el lenguaje emocional que adquirimos al crecer. Puede que sea o no, el mejor lenguaje para nuestro bienestar emocional pero es el que conocemos. Nuestro lenguaje emocional determina como reaccionamos emocionalmente y como nos sentimos. Si he aprendido como ver la alegría en la vida, sabré el lenguaje de la alegría y me sentiré más feliz. Si me criaron entre gente aprensiva, yo posiblemente pensaré y reaccionaré como un aprensivo. La aprensión será una parte distintiva de mi lenguaje emocional. Si aprendí que mis sentimientos no eran del todo importantes, o impropios de un hombre, mi lenguaje emocional puede ser uno como el silencio. El aprendizaje emocional adquirido en estos primeros años puede poner en marcha una vida dirigida al bienestar emocional, una vida con repetidos altibajos, o posiblemente aún, una vida atormentada por enfermedades mentales. Por lo cual, el lenguaje emocional que hemos aprendido resulta ser bastante importante.

Y esto es porque el cuidado apropiado de los niños y la educación en esta área son tan críticos. Si vamos a proveer una base sólida para el bienestar emocional y la salud mental, como padres necesitamos saber cómo hablar y enseñar el lenguaje emocional que promueve el bienestar. Necesitamos tener una buena comprensión de cómo funcionan las emociones y cómo los pensamientos moldean ambas reacciones emocionales buenas y malas hacia nuestro mundo. Necesitamos escuchar y responder a las señales emocionales de nuestros niños con comportamientos que fomentan un óptimo cuidado y bienestar. Debemos ser los que damos el ejemplo de la felicidad y enseñarles a sentirse bien para que nuestros niños aprendan como sentirse bien y adquirir la forma de pensar correcta y la capacidad de recuperación emocional desde el principio.

Como padres, debemos asegurarnos que nuestro lenguaje emocional es el que deseamos que nuestros hijos aprendan. Ellos copiarán lo que hacemos; ellos aprenderán lo que ven. Si deseamos que tengan una autoestima saludable, entonces nosotros debemos tener una autoestima saludable, solo así podremos enseñarles cómo pensar y comportarse como lo haría alguien que tiene una autovaloración intrínseca. Si pensamos que ellos deberían cuidarse, entonces nosotros también deberíamos hacerlo. Si deseamos que nuestros hijos sepan como pensar y sentirse bien, debemos saber cómo pensar y sentirnos bien para que así podamos enseñarles estas habilidades invaluables.

El saber y vivir con una manera de pensar que engendra bienestar emocional es la clave. Nos ayuda a enseñar y actuar como modelos positivos para nuestros hijos. Al mantenernos emocionalmente situados en una mejor posición, también tendremos el beneficio de ayudarnos a actuar y reaccionar con más paciencia y cuidado durante las demandas del día a día que implican criar a los niños. La fluidez en el lenguaje de las emociones no es solamente esencial para nuestra propia felicidad. Como padres, es igualmente importante ayudar a nuestros hijos a ver, tener y aprender cómo mantener su propia paz y alegría en el transcurso de sus vidas.

Nuestras capacidades para el bienestar emocional también afectan la naturaleza de nuestras relaciones con nuestros amigos y nuestras parejas. Si nunca aprendimos cómo cuidarnos bien, podríamos sufrir más con los altibajos emocionales y ser emocionalmente más necesitados. Posiblemente nos apoyemos mucho en otros buscando su apoyo. Si nuestra experiencia nos ha enseñado que deberíamos buscar que otros nos cuiden, en vez de cuidarnos nosotros mismos desde nuestro interior, podríamos tender a buscar a aquellas personas que encajan en el perfil de cuidadores, quienes estarían dispuestos a hacer esto por nosotros. Nuestra tendencia será resolver nuestras necesidades a través del cuidado de nuestros amigos y parejas, usándolos para que nos den lo que nunca aprendimos a darnos a nosotros mismos. Pero depender de otros para buscar nuestro bienestar emocional nunca nos puede enseñar cómo llegar a ser emocionalmente completos; en realidad lo previene. Apoyarse en los demás de esta manera fomenta la dependencia emocional en lugar de la independencia emocional.

Las relaciones desbalanceadas producen una interacción como la de padre e hijo, en lugar de la de dos adultos. En estas relaciones, una persona funciona emocionalmente por debajo y la otra está sobrecargada. Con el tiempo, estas relaciones tienden a generar conflictos y resentimientos debido a la interacción desbalanceada. Las relaciones de esta clase son más susceptibles a desgastarse y a menudo terminan en la separación de las personas involucradas en vez de tomar los pasos necesarios para corregir el desbalance. Cuando no somos eficientes para crear nuestra propia felicidad y seguridad, no solo estamos buscando que otros lo hagan, sino que también los hacemos responsables de eso. Esta atracción basada en la necesidad de algunas personas es lo que Bradshaw (1988) ha llamado «dar para recibir». Dar para recibir es uno de las dinámicas subyacentes de la co- dependencia. Es también una de las dinámicas subyacentes poderosas con más incidencia de conflictos en la relación y divorcio en los Estados Unidos. Cuando carecemos de la habilidad para sostener nuestro propio bienestar emocional, se presenta el conflicto en la relación y la inestabilidad en la pareja. Esto a menudo se convierte en nuestra solución por omisión en vez de corregir la carencia dentro de nosotros mismos.

Las amistades y matrimonios tienen mejores probabilidades de sostenerse y florecer cuando ambas partes son emocionalmente autosuficientes. En estas relaciones, cada persona es capaz de traer una medida completa de autoestima y felicidad a la relación, en vez de necesitar extraer esos recursos emocionales de la otra persona. Estas relaciones tienden a ser más resistentes y duraderas porque sus integrantes son más completos. La gente que es más completa, fomenta relaciones más sanas porque han aprendido como ser más responsables de su propia felicidad en lugar de cargar a otros con ese trabajo. El amor adulto empieza donde las necesidades terminan.

Nosotros llevamos nuestro nivel de bienestar emocional con nosotros dondequiera que vayamos. Afecta que tan bien nos sentimos, que tan buenos padres somos, lo que buscamos y como nos comportamos en nuestras relaciones interpersonales. También afecta que tan bien funcionamos en nuestra vida laboral. He escuchado decir que si se contase con un personal de 30 trabajadores, y se le diera el día libre a 28 de ellos, los 2 trabajadores co-dependientes restantes, que aceptasen quedarse

¡harían todo el trabajo! Cuando no tenemos todo lo que necesitamos para ser felices internamente, tendemos a usar cosas externas como sustitutos. El trabajo es a menudo una de esas cosas. Para tener un sentido de valoración podemos empezar a trabajar excesivamente para obtener la validación y aprobación de las que nosotros carecemos. Bajo estas circunstancias, el trabajo empieza a capturarnos como una adicción, convirtiéndose en un patrón de conducta incontrolable dirigida por la necesidad y las inherentes deficiencias de nuestro bienestar emocional.

Idealmente, nuestra motivación para el trabajo no debería ser impulsada por esas necesidades emocionales no satisfechas, sino por consideraciones prácticas relacionadas a nuestra responsabilidad financiera, deseo de involucrarnos en un trabajo desafiante que nos parece gratificante y significativo, y en consideración a nuestro bienestar emocional. Cuando nos comportamos con una base muy sólida de bienestar emocional, nuestra motivación para trabajar se ve atenuada por una búsqueda balanceada de estos ideales. No debería ser un remplazo de nuestra autoestima, o un testimonio del hecho que nosotros carecemos de esa área. Idealmente, nuestra vida laboral debería expresar una motivación balanceada para mejorarnos así como mejorar el mundo que nos rodea.

Desafortunadamente, el trabajo no se ajusta a este ideal para mucha gente. La vida laboral es a menudo desbalanceada y hay varias razones porque esto no sucede. Algunas de estas razones son situacionales, tales como la escasez de trabajo, cambios en la administración, reducción del personal, etc. Pero algunas veces, el problema radica dentro de nosotros mismos. A veces, en lugar de percibir el trabajo como algo que hacemos para cubrir nuestras necesidades económicas y aplicar nuestras habilidades para tener resultados valiosos, nuestro enfoque de trabajo es uno de redención a través del sacrificio o pereza. El trabajo es desbalanceado por el desbalance dentro de nosotros mismos. Si hay un déficit pronunciado en nuestra autoestima y bienestar, la manera como pensamos y nos comportamos con respecto al trabajo se puede convertir en otra área para el desbalance. El trabajo, como las relaciones, comer, beber, y muchas otras actividades, nos dan una manera de llenar el espacio de aquello que carecemos emocionalmente. Cuando no somos buenos en validarnos, nuestra necesidad de buscar reconocimiento en algún lugar es aún más grande. El trabajo se puede convertir en una adicción para aquellos que rutinariamente se apoyan en el para sostener su ego y ánimo que de otra manera estarían en lucha para mantenerse a flote. El trabajo no es solo una necesidad económica, sino que también es una necesidad emocional. Cuando usamos el trabajo para hallar nuestra valía y dejamos que nos defina, nosotros invertimos toda nuestra energía para mantener ese desbalance, en vez de corregirlo. El trabajo y el rendimiento basados en la estima se convierten en delegados provisionales de la autoestima. Necesitamos mucho, así que damos mucho. Al final, sin embargo, obtenemos muy poco.

Los déficits en la autoestima y la valoración personal pueden también tener el efecto opuesto en cómo enfocamos el trabajo. En lugar de usar el trabajo como un medio para contrarrestar las necesidades emocionales no resueltas, las personas algunas veces lo dirigen a otra dirección. Dado que no tienen mucha valía personal, y no creen que merezcan mucho de este mundo, no se esfuerzan lo suficiente. En su lugar, rinden menos. No están lo suficientemente motivados para invertir tiempo en entrenamiento o educación que pudiera hacerlos avanzar en nuevas oportunidades para mejores trabajos o en su carrera. Ellos pueden trabajar en puestos por debajo de sus capacidades y evitar poner sus mejores esfuerzos en el trabajo que realizan. Al carecer de un verdadero sentido de valía personal y de una inversión balanceada en el trabajo, ellos rinden por debajo porque no intentan lo suficiente. Para estos individuos, el trabajo a menudo significa esforzarse muy poco, ganar muy poco y luchar demasiado. Cuando tenemos estos déficits en la autoestima y la felicidad personal, meterse al ruedo no es el camino a seguir. Más bien, estas son señales reveladoras de que se necesita avanzar y cambiar de dirección. Se deben corregir los déficits emocionales que radican dentro de nosotros.

Si esperamos ayudar a que las generaciones futuras posean el requisito del conocimiento y la habilidad de ser felices y permanecer bien emocionalmente, entonces la crianza apropiada por parte de los padres es una pieza fundamental de la solución. Los padres mismos deben poseer sabiduría emocional para enseñar esta sabiduría a los niños y servir de buenos modelos emocionales a imitar. Confiar que la solución suceda fortuitamente como lo hemos estado haciendo hasta ahora, no es una solución creíble. Mucho depende de la gente para que puedan aprender a estar bien emocionalmente y felices. Para afrontar estos desafíos, a los padres se les deben dar las oportunidades para ganar la experiencia emocional y educación que necesitan. La educación pública debe dar un paso adelante para integrar el aprendizaje emocional como un componente clave del plan de estudios y reforzar los aprendizajes que idealmente empiezan en casa. Tal como enfaticé anteriormente, durante mi extensa educación formal fui instruido en muchas cosas, sin embargo, el bienestar emocional no fue ciertamente una de ellas. ¿Fue su educación algo diferente? Para profundizar en varios temas se utilizó mucho tiempo, pero en aquellos de las emociones y del bienestar, no. Poco tiempo se le dio a algo tan importante como es el ser feliz y estar bien. Esperamos que estos cambios se den ya.

La creciente popularidad de la Psicología Positiva ha marcado una ola de intenso interés para mejorar nuestro entendimiento acerca del bienestar emocional. A través de estos esfuerzos, estamos construyendo el cimiento de conocimiento que se necesita para enseñar este tema en las escuelas públicas. Nuestros hijos, a lo largo de su propia experiencia de convertirse en padres por si mismos, aprenderán acerca de sus vidas emocionales, así como de qué manera construir su autoestima y mantener su salud emocional. Ellos portarán ese conocimiento consigo mismos para mejorar sus vidas e informar mejor a la siguiente generación.

Yo quisiera darle mis más sinceras felicitaciones. Usted acaba de terminar su travesía aquí. Con el conocimiento que ha ganado, ha alcanzado un nuevo destino y una vida más alegre y satisfecha lo espera. Usted no dejará que las circunstancias se lleven su felicidad y su bienestar. Se da cuenta de lejos, que es mejor que usted, y no las circunstancias, controle cómo se siente. Como usted sabe esto, evitará desperdiciar momentos, horas perdidas y días perdidos, un tiempo precioso robado y malgastado por su propia perturbación con respecto a las circunstancias. En su lugar, al respaldar una mentalidad para la felicidad, usted estará asegurándose que la mayor parte de su vida será como una vida que usted atesorará vivir.

Aun cuando usted pudo sentirse desanimado en el pasado, ahora sabe que es posible encontrar una vida más feliz. Porque mucho del mantenimiento de su felicidad depende de las enseñanzas que ahora comprende; usted puede sobrellevar el pasado al practicar y vivir el conocimiento que ha ganado para su felicidad y salud emocional.

En la medida que usted ahonde en los detalles de los efectos transformativos de su aprendizaje emocional, verá cuánto ha alterado su destino emocional. Habrá encontrado un camino mucho mejor, cuando haya aprendido a tener una mentalidad para la felicidad, y cambie o mejore la manera como piensa y siente acerca de usted mismo y del mundo que lo rodea. Este camino nuevo lo conserva dentro de la ruta a una vida más satisfactoria y feliz. Al hacer esta elección, el poder de la felicidad dependerá de usted.

Ahora usted puede ver que el ser optimista o pesimista, o estar mentalmente bien o mal, no son simples condiciones predestinadas que llegaron a usted por su genes o historia. Por el contrario, sus niveles de paz, alegría o felicidad son también cosas que usted puede controlar, crear y sostener por medio de la manera en que usted piensa y siente acerca de usted mismo y del mundo. Y dado que usted ha arraigado la felicidad y el bienestar permanentemente dentro suyo nunca más será objeto del capricho de las circunstancias. Su felicidad es suya y usted es capaz de hacerla durar.

Usted sabe que no tiene que estar atrapado en pensamientos inseguros, perturbadores que paralizan su bienestar emocional y empobrecen su felicidad. Ahora tiene la opción y los recursos para hacer de su vida, y su manera de pensar y sentir con respecto a ella, algo mucho mejor. Usted tiene las herramientas y la mentalidad para cuidarse, es decir, todos los pasos para la felicidad. Usted ha hallado la sabiduría emocional esencial, que le permitirá experimentar una felicidad más duradera y un bienestar durante su vida.

Usted ha descubierto la importancia de siempre tratarse a si mismo como lo haría con su amigo ideal. Al tratarse así cada día, usted continuará trayendo el don de la felicidad a si mismo y a aquellos que lo rodean. Al elegir cuidarse y estimarse sin vacilaciones, usted habrá incrementado su habilidad para florecer y darse la oportunidad de una felicidad más duradera.

Estoy seguro que los cambios que ha traído a su vida la lectura de este libro permanecerán dentro de usted, enriquecerán su vida profunda y grandemente en la medida que avance. Permitamos que el éxito que usted logró a lo largo de esta travesía hacia la felicidad sea una inspiración para otros. Sepa que a lo largo del camino usted tiene mis mejores deseos para una alegría continua y bienestar.

Ahora, por favor tómese un momento para completar La evaluación del progreso del lector y el formato de retroalimentación en la parte posterior de la guía (página 242).

Guía de estudio de preguntas

1. La mayoría de nosotros aprendemos a hablar el lenguaje emocional que se hablaba a nuestro alrededor. Explique qué significa.

2. Dé un ejemplo de cómo la manera en que una persona fue cuidada puede influenciar su conducta como padre.

3. ¿Cómo puede una baja autoestima afectar la conducta de una persona en el trabajo?

4. Alguien que usted conoce parece ser que pasa mucho tiempo en el trabajo y tiene dificultades para relajarse. ¿Qué sugiere esa conducta acerca de su autoestima?

5. Explique por que la salud mental es más que la ausencia de una enfermedad mental.

6. Dé un ejemplo de cómo la manera en que se nos cuidó de niños puede influenciar nuestra conducta como padres.

¿Qué hago si necesito más ayuda?

Esta guía fue escrita para ayudarlo a tomar control de su crecimiento personal y felicidad. Ambos usted y yo compartimos esta búsqueda en común. Sin embargo, la auto-ayuda no es siempre la respuesta completa. Algunas veces los problemas que enfrentamos pueden ser profundos y más difíciles por lo que se debe encontrar otras respuestas.

Si usted considera que necesita más ayuda, le recomiendo encarecidamente que la busque. Su salud emocional y bienestar son importantes y hay otras formas disponibles para ayudarle. Usted puede obtener ayuda profesional de un psicólogo, psiquiatra, u otro profesional de la salud mental. La mayoría de los planes de seguro ofrecen cobertura para estos servicios. Su doctor puede referirlo si fuera necesario.

Si su seguro no tiene cobertura en el área de la salud conductual y usted no puede afrontar los gastos de una consulta privada, entonces trate de contactar otras fuentes disponibles a través del sistema de salud mental de su condado así como de agencias de su comunidad. Puede encontrar estos servicios en las páginas azules de su directorio telefónico o por internet. Tan solo recuerde, su salud emocional y bienestar son extremadamente importantes y usted siempre puede obtener más ayuda si la necesita. Preocúpese por usted y lleve a cabo la búsqueda de la ayuda que necesita.

Agradecimientos

Hay muchas personas a quienes tendría que agradecer. Estoy especialmente agradecido por la generosa y competente asistencia editorial de Lyn Alexander, Deirdre Kells, Dr. Lane Neubauer, James Petrilla, Dr. Michael Roszkowski, y el Dr. Scott Spreat, La ayuda y apoyo inquebrantable de Pam Lione, quien cree en mi trabajo y desea que el mensaje sea difundido, ella ha sido el viento bajo mis alas. Estoy igualmente en deuda con mis maravillosos clientes cuyas heridas emocionales y sus corazones dispuestos me ayudaron a definir los lineamientos de mi trabajo. Finalmente, con profunda gratitud, quisiera expresar mi apreciación a mi esposa Karim por el amor, apoyo e inigualable trabajo de redacción realizado, así como a mi hijo Brian, y mi hija, Jaclyn, a través de esta travesía. Un agradecimiento especial para Brian, cuyo talento y amplia asistencia en el trabajo de redacción y diseño de este libro contribuyeron en gran medida a la calidad y apariencia del producto final. A todos ustedes que ayudaron al enriquecimiento dela experiencia y el resultado final de esta empresa, les ofrezco mi sincera gratitud.

Referencias

Bradshaw, J. (1988). *Bradshaw on: The family.* Florida: Health Communications, Inc.

Ellis, A. (2006). *How to stubbornly refuse to make yourself miserable about anything.* California: Citadel Press.

Ellis, A , & Harper, R. (1975). *A new guide to rational living.* New Jersey: Prentice-Hall.

Fredrickson, B. L. (2001). The role of positive emotions in positive psychology: The broaden-and-build theory of positive emotions. American Psychologist, 56, 218-226.

Proto, L. (1993). *Be your own best friend.* New York: Berkely Publishing Group.

Seligman, M. (2002). *Authentic happiness.* New York: Free Press.

Snyder, C. & Lopez, S. (2002). *Handbook of Positive Psychology.* New York: Oxford University Press.

Apostilla bibliográfica

En esta sección, he nombrado y resumido brevemente algunas lecturas seleccionadas que pueden ser de interés para usted. Los libros mencionados incluyen aquellos que contribuyeron a nuestra comprensión de la Psicología Positiva, la felicidad y el bienestar subjetivo. El interés en estos temas se extiende cada día más, así que le pedimos que por favor vea estas obras solo como una muestra.

Argyle, M. (2001). *The Psychology of Happiness*, (2nd ed). New York: Routledge.

Este texto bien escrito proporciona una extensa revisión y un análisis de la investigación contemporánea sobre la felicidad y el bienestar. En esta segunda edición, Argyle brinda material nuevo respecto a los papeles que juegan el humor, el país de residencia y la religión en nuestra experiencia de la felicidad. También ofrece una explicación sobre por qué tenemos emociones negativas y positivas, y examina el grado de satisfacción en relación a la felicidad. Asimismo, Argyle otorga un excelente listado de lecturas complementarias.

Ellis, A. (2006). *How to Stubbornly Refuse to Make Yourself Miserable about Anything.* California: Citadel Press.

Las obras de Albert Ellis han tenido una profunda influencia en los campos de la sexualidad humana y la psicoterapia. Él ha sido, y continúa siendo, aun después de su reciente muerte, uno de los psicólogos cognitivo-conductuales más importantes e influyentes de nuestra época. En este libro, Ellis describe y aplica cuidadosamente sus técnicas para cambiar el pensamiento a varios problemas emocionales de los seres humanos. Como en muchas otras obras que escribió, Ellis sostiene que principalmente nuestras creencias irracionales, mas no las situaciones per se, causan nuestra perturbación. Este libro presenta técnicas específicas que nos enseñan cómo deshacernos de ideaciones autodestructivas y usar más pensamientos racionales, lo cual nos hará sentirnos más felices.

Ellis, A. & Becker, I. (1983). *Guide to Personal Happiness.* California: Wilkshire Book Co.

Es uno de los libros clásicos de Ellis, donde él detalla los aspectos específicos de su Teoría Racional Emotiva Conductual (TREC), una técnica que nos demuestra cómo disponer del pensamiento irracional que impide la felicidad. Sus métodos han sido muy eficaces y están ampliamente consagrados a ayudar a la gente a resolver una amplia variedad de trastornos y problemas emocionales. Sin embargo, uno puede discrepar con la idea de que la eliminación del pensamiento irracional y autodestructivo equivale a ser feliz. A pesar del título de su libro, parece que Ellis quisiera decirnos más sobre como desechar la infelicidad en vez de como crear la felicidad.

Ellis, A. & Blau, S. (1998). *The Albert Ellis Reader: A Guide to Well-being Using Rational Emotive Behavior Therapy.* New York: Kensington Publishing Corp.

Este libro abarca más de cincuenta artículos, lo cual lo convierte en un compendio del trabajo de Ellis a lo largo de su vida. El volumen se divide en tres secciones: la Parte 1 engloba su trabajo relativo al sexo, el amor y el matrimonio; además guía al lector a través de sus enfoques pioneros y no convencionales para hacer frente a esos tres importantes aspectos del comportamiento humano. La Parte 2 abarca una amplia variedad de temas relacionados con la teoría y la práctica de la TREC. Esta sección ofrece una discusión paso a paso de sus procedimientos A-B-C para modificar nuestros comportamientos y pensamientos autodestructivos a través del reemplazo de nuestras «creencias irracionales». La Parte 3 proporciona un amplio debate sobre el uso de los principios de la TREC en la educación, la psicología, la asunción de riesgos, la aceptación de uno mismo, la excesiva religiosidad, los trastornos de la personalidad, las adicciones y mucho más. ¡Una gran muestra de la amplitud de la obra de Albert Ellis!

Fordcye, M. (2000). *Human Happiness: Its Nature and Attainment.* Recuperación de datos del 16 de enero de 2009, de http://www.gethappy.net/freebook.htm

Fordcye proporciona un análisis detallado de la investigación de la felicidad, pero parece interpretar muchos de los resultados desde la perspectiva de que nuestra felicidad está determinada por las circunstancias en vez de provenir de nosotros mismos. Aun así, después de escudriñar toda esta investigación, el autor identifica catorce principios que podemos aplicar para aumentar nuestro bienestar emocional. Fordcye cree que los rasgos humanos responsables de la felicidad son el pensamiento positivo y el optimismo. Él se refiere a estos elementos como «el camino real a la felicidad», al igual que lo hago yo. A diferencia de Fordcye, yo veo el pensamiento optimista como una conducta que puede ser mejorada por medio del aprendizaje, no como un rasgo fijo de personalidad. Fordcye retiene un secreto que revelará recién al final del libro: que las personas dichosas tienen el rasgo de la valoración personal o el deseo de ser felices. (Afortunadamente, este es un rasgo que todos podemos cultivar).

Meyers, D. (1992). *Discovering the Pathway to Fulfillment, Well-being, and Enduring Personal Joy.* New York: HarperCollins.

Es uno de los mejores textos académicos en el campo de la Psicología Positiva. Meyers mantiene un saludable escepticismo científico durante su extensa revisión de la investigación sobre la felicidad. Su evaluación de los hallazgos frecuentemente concluye que la felicidad es, para nosotros, una criatura resbaladiza que a menudo escapa de nuestro intento por capturarla. Paradójicamente, las personas suelen catalogarse a sí mismas como bastante felices (más felices de lo que en realidad son). Tener una economía estable no garantiza que seremos felices. Las situaciones que evocan la felicidad no suelen durar y parece que regresamos al mismo punto de partida en nuestro camino en búsqueda de la felicidad. No hay una edad o un género en particular que se correlacione con un mayor bienestar emocional, y por otro lado, la raza y la educación tampoco representan una gran diferencia. Aun así, Meyers encuentra que los estados de ánimo son importantes para ser felices, recalcando que «las creencias enfocadas en forma positiva marcan una diferencia» cuando se trata de la felicidad personal. Otro factor importante para conseguir la felicidad es la estima propia. Meyers descubre que «las personas felices se aprecian». Esta clase de individuos tienen la sensación de que pueden dirigir sus propias vidas y escoger su destino. (¡Diría que esas son cogniciones que valen la pena cultivar y poseer!). Cuando se trata de la felicidad y el bienestar, cultivar una mentalidad idónea es importante.

Nettle, D. (2005). *Happiness: The Secret behind your Smile.* New York: Oxford University Press.

Otra excelente lectura en el campo de la Psicología Positiva. Nettle ofrece una buena revisión de la literatura, examinando las conexiones entre la felicidad, la edad, el género, los ingresos y el estado civil. Nettle sugiere que nuestra historia evolutiva puede haber socavado nuestro sistema de respuesta emocional, lo que nos conduce a reaccionar más intensamente con las circunstancias negativas (por ejemplo, las amenazas a nuestra seguridad) que con las positivas. Según el autor, perseguimos cosas porque es la manera en la que fuimos «programados» para sobrevivir; sin embargo, luego de obtener esas cosas, no somos felices por mucho tiempo. Aunque esta situación nos engaña, nuestra naturaleza nos impulsa a desear las cosas que no pueden hacernos felices, porque en un tiempo estos deseos nos ayudaron a sobrevivir. Nettle también presenta una investigación prometedora mostrando que podemos reducir nuestra infelicidad así como aumentar nuestra sensación de bienestar. Aunque no es una guía práctica sobre cómo ser feliz, el trabajo de este autor está claramente escrito y es muy informativo.

Proto, L. (1993). *Be your own Best Friend.* New York: Berkely Publishing Group.

A veces pienso que no habría podido escribir este libro que usted está leyendo si no hubiera sido por este inspirador texto de Proto. Su tesis central, la cual respaldo firmemente, es que logramos la salud y la felicidad cuando nos estimamos y nos relacionamos con nosotros mismos como si fuéramos nuestros mejores amigos. Su libro nos alienta y nos enseña a tener amor propio y aceptación, además de reconocer la importancia de nuestro pensamiento para atraer el cambio personal y la felicidad. A raíz de ello, su trabajo ha inspirado y reforzado el desarrollo de mi pensamiento sobre los elementos cognitivos esenciales para el bienestar duradero, y en especial ha motivado la creación de mi Ejercicio del Amigo Ideal. Estoy profundamente agradecido por las influyentes contribuciones de Proto en este campo, por lo que le recomiendo firmemente leer su obra.

Ramm, D. & Czetti, S. (2004). *The Formula for Happiness.* Xlibrus Corporation.

En comparación con un sinnúmero de otros libros sobre «la felicidad», este ofrece ayuda más práctica para aquellos que buscan cómo mejorar su felicidad personal. Ramm y Czetti presentan una guía interesante para aumentar la felicidad, sobre la base de diez valores fundamentales y cuatro principios básicos; los cuales, según ellos, pueden traer la verdadera felicidad personal.

Seligman, M. (2002). *Authentic Happiness*. New York: Free Press.

Martin Seligman, el anterior presidente de la Asociación Americana de Psicología y autor de *Optimismo aprendido,* ha marcado un hito en el tema de la felicidad. Seligman, como líder pionero en el movimiento de la Psicología Positiva, detalla cómo la Psicología finalmente se aleja de su antigua fijación por la enfermedad mental, y se interesa por descubrir la naturaleza de la felicidad humana. Su revisión de la investigación nos muestra que las circunstancias externas no son el principal impulsor de la felicidad humana. La felicidad es una creencia; tiene sus raíces en el pensamiento optimista y este suele originar que se viva con mayor felicidad, salud y significado. El optimismo, la gratitud y el perdón ayudan a generar una existencia más feliz. Sin embargo, Seligman sostiene que hay otros factores más allá de estos que asientan las bases para la felicidad auténtica. Estos son lo que él denomina «la rúbrica de las fortalezas y las virtudes». Solo cuando llevamos a cabo nuestra vida de acuerdo con estos elementos, somos capaces de darnos cuenta de la auténtica felicidad. No todos están de acuerdo con Seligman en este punto.

La lista modelo del amigo ideal

<u>Valoración*</u>　　　　**<u>Las características de un amigo ideal</u>**

(　　)　　　Buen oyente

(　　)　　　Confiable

(　　)　　　Honesto

(　　)　　　Cuidadoso (o amable)

(　　)　　　Servicial y/o solidario

(　　)　　　Leal

(　　)　　　Digno de confianza (o de fiar. Está ahí cuando usted lo necesita)

(　　)　　　Alguien que usted respeta

(　　)　　　Indulgente

(　　)　　　Divertido y/o cómico

(　　)　　　Dispuesto a aceptar (o acepta quién es usted). Es fácil estar cerca de él

(　　)　　　Entendido, capaz y/o inteligente

(　　)　　　Paciente y/o comprensivo

(　　)　　　Positivo

(　　)　　　Comparten intereses/valores en común (disfruta de su compañía)

(　　)　　　Alguien a quien usted valora mucho, aprecia o ama

(　　)　　　No es un censor (o no es demasiado crítico)

Valoración*   Las características de un amigo ideal

( )   Alguien que no es duro con usted

( )   De buen trato, fácil de llevar

*Califíquese usando la escala de valoración para determinar qué tan mejor amigo es usted de si mismo:

5 = *Siempre/Casi siempre*

4 = *La mayor parte del tiempo*

3 = *A veces*

2 = *Rara vez/Pocas veces*

1 = *Nunca/Casi nunca*

Apuntes

Apuntes

Apuntes

Apuntes

Índice

La evaluación del progreso del lector y el formulario de retroalimentación

Parte 1

Querido lector:

Por favor, complete esta página (la Parte 1) antes y después de leer este libro. El responder estas preguntas lo ayudarán a medir su progreso en las áreas claves. Estime su niveles de cuidado propio, autoestima, felicidad y bienestar emocional usando una escala de 1 a 10 puntos (1 = bajo, 10 = alto)

	Mi nivel antes de leer este libro	*Mi nivel después de leer este libro*
Cuidado propio:		
Autoestima:		
Felicidad:		
Bienestar emocional:		

Por favor otórguese porcentajes en relación a su pensamiento seguro e inseguro <u>después de leer el Paso 2</u> y después de completar este libro.

Pensamiento seguro versus pensamiento inseguro

Antes de leer el libro		Después de leer el libro	
%SEGURO ( )	%INSEGURO ( )	%SEGURO ( )	%INSEGURO ( )

La evaluación del progreso del lector y el formulario de retroalimentación

Parte 2

Mi objetivo al publicar esta guía es proporcionar información práctica para aumentar la felicidad personal y la salud emocional. Ahora que ha completado su trabajo con la guía, yo quisiera saber de su experiencia. Usted puede compartir una copia de sus respuestas de la Parte 1 y la Parte 2 enviándomela a mi correo electrónico: thinkrightfeelright1@gmail.com, Sus respuestas siempre serán confidenciales.

¿Fue útil este libro para usted? ¿Por qué?

¿Ha incorporado el mensaje de este libro en su vida diaria?

¿Tiene algunas recomendaciones para mejorar este libro? ¿O existe un tema que quisiera ver desarrollado bajo la forma de un capítulo o un libro nuevo?

Le doy las gracias por su tiempo e interés. Usted puede enviarme su respuesta a:

thinkrightfeelright1@gmail.com